চেক্স
কিশোৰ-কিশোৰীৰ বাবে

- ডা. সতীশ গোয়ল

ডায়মণ্ড বুক্‌চ

প্ৰকাশক ঃ
ডায়মণ্ড পকেট বুক্চ প্ৰাঃ লিঃ
X-30, ওখলা ইণ্ডাষ্ট্ৰিয়েল এৰিয়া (ফেজ-2)
নতুন দিল্লী-110 020
ফোন ঃ 011-40712200
ই-মেইল ঃ sales@dpb.in
ৱেবচাইট ঃ www.dpb.in
মুদ্ৰক ঃ Repro (India)

Sex Kishore Kishoriyon Ke Liye (Assamese)

By : Dr. Satish Goel

লেখকৰ এষাৰ

চেক্স জ্ঞানৰ প্ৰতি কিশোৰ-কিশোৰী সকল যথেষ্ট আগ্ৰহি হয়, কিন্তু আমাৰ সংকুচিত সমাজে ইয়াৰ অনুমতি নিদিয়ে যে এই বিষয়ত খুলাকৈ জ্ঞান প্ৰাপ্ত কৰিব পাৰো। আজি সমাজ কিছু উদাৰতাৰে খোজ লৈছে। ইলেক্ট্ৰনীক মিডিয়ায়ো যৌন শিক্ষাৰ প্ৰতি কিশোৰ-কিশোৰীক জগোৱা আৰম্ভ কৰিব। পত্ৰ-পত্ৰীকা সমূহতো এই বিষয়ত নিয়মিত টোকা ছপা আৰম্ভ হৈছে। এতিয়া এই বিষয় লাজৰ নহয়। সমাজৰ যোগাত্মক ৰূপে যৌন শিক্ষাক এক নতুন দশা আৰু দিশ দিছে। অধ্যয়ণৰ সৈতে কিশোৰ-কিশোৰীক যদি প্ৰাৰম্ভিক যৌন শিক্ষা দিয়া হয় ইয়াত একো বেয়া নাই, বৰং ভৱিষ্যতে হব লগা বিকাৰৰ প্ৰতি সচেতন থাকিব, আৰু ইয়াকো মন দিব লাগিব যে বৈবাহিক জীৱনত প্ৰৱেশ কৰি চেক্সক অঙ্গীকৃত কৰিব লাগিবই তেন্তে এনে বিষয়ত জ্ঞান প্ৰাপ্তৰ পৰা বঞ্চিত কৰাৰ দৰ্কাৰ কি ?

চেক্স-শিক্ষা গ্ৰহণ কৰি কিশোৰ-কিশোৰীয়ে অনুসিত যৌন সম্বন্ধৰ প্ৰতি সচেতন হব পাৰি আৰু এই প্ৰকাৰে এক সুষ্ট সমাজৰ নিৰ্মাণ কৰিব পাৰে। এই উদ্দেশ্যক ধ্যানত ৰাখি লিখা এই পুস্তক নিশ্চিত ভাবেই কিশোৰ-কিশোৰীৰ বাবে লাভদায়ক সিদ্ধ হব পাৰে, এনে মোৰ বিশ্বাস আছে।

লিখক

বিষয়-সূচী

কিশোৰৱস্হা আৰু চেক্স

আজিকালিৰ অধিকাংশ কিশোৰ-কিশোৰীয়ে যৌন-সম্বন্ধৰ অনুভৱ কৰে। গৰ্ভ-নিৰোধক ব্যৱহাৰৰ সমস্যাৰ সৈতে অসুবিধা পায়। সময়ৰ পুৰ্বে শাৰীৰিক সম্বন্ধত কেৱল গৰ্ভধাৰণৰ সমস্যাই জড়িত তেনে নহয়, ইয়াৰ উপৰিও যৌন-ৰোগ আক্ৰান্ত হোৱাৰ সম্ভাৱনাও থাকে। ইয়াৰ পৰিনাম দীৰ্ঘকালীন সক্ৰমণ আৰু স্ত্ৰী সকলে গৰ্ভধাৰণ কৰিব নোৱাৰাও হব পাৰে। ইয়ে নহয়, প্ৰাকৃতিক প্ৰক্ৰিয়া আৰু কিশোৰৱস্হাৰ আৰম্ভ হোৱাৰ সমাজিক উন্নতিটো প্ৰতিকুল প্ৰভাৱ পৰিব পাৰে।

চিকিৎসক, মনোবৈজ্ঞানিক আৰু শিক্ষাবিধে চেক্সৰ প্ৰতি প্ৰবৃত্ত কিশোৰ-কিশোৰীক কিছু বিশেষজ্ঞ মন কৰিছে। অধিকাংস কিশোৰ-কিশোৰী চেক্সৰ সৈতে অপৰিচিত হয় আৰু মাক-দেউতাকে ভাৱে যে সিহঁতৰ সৈতে চেক্সৰ চৰ্চা কৰা, সিহঁতক চেক্সৰ প্ৰতি প্ৰেৰিত কৰা হব, কিন্তু প্ৰমানে ইয়াৰ বিপৰিতে জানকাৰী দিয়ে।

চেক্সত আগ বঢ়া কিশোৰ-কিশোৰী অধিকৰ বিকাশ শীঘ্ৰে হয়। তেওঁলোকে নিজৰ বয়সৰ লৰা-ছোৱালীতকৈ বিপৰিত চেক্সৰ বন্ধুৰ সৈতে অকলে ফুৰিব লয়। চেক্সত আকৃষ্ট ছোৱালী নিজতকৈ বেছি বয়সৰ লৰাৰ সৈতে ফুৰা আৰু সময় পাৰ কৰা পচন্দ কৰে।

চৈধ্য বছৰিয়া এই সময়ৰ চিকাৰ হয়। স্কুত সকলোৱে চেক্সৰ বিষয়ে এনে আলোচনা কৰে যেন সিহঁতে সকলো কথাই জানে। তাই ভাৱিছিল যে তায়ে এজনি এনে ছোৱালী যি এতিয়ালৈ কুমাৰী হয়। পিছে পিছলৈ তাই জ্ঞাত হয় যে যি সকলে বেছি কয়, সিহঁতেও চেক্সৰ প্ৰতি একো জ্ঞান নাই।

কিশোৰ-কিশোৰীয়ে প্ৰায় ভাগৰে এনে ধাৰণা হয় যায় যে চেক্সৰ অনুভৱ নকৰিলে সিহঁতক দুৰ্বল, নিস্প্ৰভাৱী আৰু নিৰস বনাই দিব।

মাক-দেউতাকে নিজৰ লৰা-ছোৱালীক তলা মাৰি থব নোৱাৰে আৰু লৰাক 18 বছৰ বৰ্ষলৈ ঘৰত বান্ধি থব পাৰে। বাস্তৱত কিশোৰ-কিশোৰী সকলক অত্যাধিক প্ৰতিবন্ধ লগোৱা, সিহঁতক আৰু বিদ্ৰোহী কৰি তুলিব পাৰে।

কিছু অভিভাৱকে নিজৰ লৰা-ছোৱালীক অকলে ঘূৰিব নিদিয়ে আৰু তেওঁলোকৰ যৌন ভাৱক হেচাঁ দিয়াৰ প্ৰয়োগ কৰে, কিন্তু এনে ধৰণৰ নিয়ন্ত্ৰণ সফল সিদ্ধ নহয়। সন্তানক প্ৰেমপুৰ্বক বুজাই এই ক্ৰিয়াৰ নিয়ন্ত্ৰণ পাব পাৰি।

চেক্স আৰু প্ৰেম এই দুয়োটা বিষয়ক কিশোৰ-কিশোৰীয়ে কম পৰিমাণে নিজৰ অভিভাৱকৰ পৰা জ্ঞান লাভ কৰে। অভিভাৱকৰ মাজত পৰস্পৰৰ প্ৰতি প্ৰেমৰ ভাৱনা, সন্তানৰ বাবে যৌন-শিক্ষাৰ একমাত্ৰ সাৰ্থক অঙ্গ হয়। যদি আপুনি কন্যা সন্তানৰ পিতা তেন্তে তাইৰ ভাৱনাৰ ধ্যান ৰাখক। পুত্ৰৰ গাভৰু অৱস্হাত যদি দেউতাকে মৰম নকৰে তেতিয়া তাই অপমানিত হয়, সেয়ে মৰম পাবৰ বাবে তাইৰ সম বয়সীয়া কিশোৰৰ প্ৰতি আকৃষ্ট হোৱাৰ সম্ভাৱনা বাঢ়ি যায়।

বিশেষ ৰূচি আৰু নিপুনতা থকা সন্তান নিজৰ চকুত ডাঙৰ ভাৱিব পাৰে। এই আত্মতুস্তি চেক্সৰ পৰা পোৱা সুখত কৈ বেছি হয়। সংবেদনশীল কিশোৰ-কিশোৰীৰ বাবে সুস্থ সামাজিক কাৰ্য চেক্সৰ পৰা ধ্যান আতোঁৰোৱাত এক ভাল বিকল্প প্ৰস্তুত কৰিব পাৰে। অন্যৰ বাবে ভাল কৰ্ম কৰি কোনো যুৱকে নিজৰ আত্মসম্মানক বঢ়াব পাৰে।

কিশোৰসকল সময়ৰ আগতে চেক্সৰ প্ৰতি আকৃষ্ট নহয় ইয়াৰ সকলোতকৈ সৰল উপায় হল যে অভিভাৱকে নিজৰ সন্তানক বুজাই যে সিহঁতৰ আগত এক উজ্বল ভৱিষ্যত আছে- এনে ভৱিষ্যত যি অপৰিপক্ক যৌন-সম্বন্ধৰ বাবে সহজে নষ্ট হৈ যাব পাৰে। নিজৰ সন্তানৰ কথা মনোযোগেৰে শুনক, যেতিয়া সিহঁতে নিজৰ সপোন বোৰ আপুনাক কয়। তেওঁলোকৰ মহত্বকাংশাক প্ৰোৎসাহিত কৰক আৰু সিহঁতৰ সৈতে বহি নতুন ভৱিষ্যতৰ নতুন সম্ভাৱনা বিচাৰক।

কিশোৰ-কিশোৰীক নিজে বুজিবলৈ দিয়ক যে যুৱাৱস্থাৰ পিনে লাহে-লাহে বাঢ়ে, নতুন ৰুচি অথবা ক্ষমতাক বিচাৰক, বন্ধুত্ব বঢ়াৱক, নিজকে বুজাৰ চেষ্টা কৰা আৰু আত্ম সন্মান বঢ়োৱাৰ বাবে সময় বিচাৰক, যি সচাঁয়ে সিহঁত বয়স্ক হোৱাৰ প্ৰতিক হয়।

চেক্স আজি নজনা কোনো নহয়। ইলেক্ট্ৰনিক মিডিয়াৰ প্ৰচাৰত এই বিষয়ত আজি সাৰ্থক তৰ্ক চলি আছে। চেক্সৰ বিষে আগতে সকলো জ্ঞান হলেহে বৈবাহিক জীৱন সুখী হব পাৰে। আধা জ্ঞান থকা আৰু আনৰ কথা মতে চলা গৃহস্থ জীৱনত প্ৰৱেশ কৰা যুৱকৰ মনত প্ৰায়ে হীনভাৱনাই ঠাই কৰি লয়, যাৰ বাবে তেওঁৰ মানসিক বিকাশ ৰৈ যায়। সেয়েহে চেক্সৰ বিষয়ে গোটেই বুজি লয়। ইয়াৰ সৈতে জড়িত সমস্যা আৰু ইয়াৰ সমাধান জানি যিকোনো যুৱকে এই দিশত পৰিপক্ক হব পাৰে। আগৰ পৃষ্ঠাত আমি এটা-দুটাকৈ তলৰ পৰা এই বিষয়ত প্ৰকাশ পেলাম, যি যিকোনো কিশোৰ-কিশোৰীৰ বাবে নিশ্চয়ে লাভদায়ক হব আৰু ইয়াৰ মানসিক বিকাশো সমৃদ্ধ হব, এনে আমাৰ বিশ্বাস হয়।

●●●

নাৰী আৰু তেওঁৰ জনন অংগ

কিশোৰী তৰুণী হোৱাৰ পিছত স্ত্ৰী বনে তাৰ পিছত সিহঁতেই সন্তানোৎপন্ন কৰি মা বনে। মাকৰ ৰূপত সিহঁত চতুৰ, সাহসী, স্বাস্থ্যৱান, শক্তিশালী সন্তান জম দিয়ে যৰ পৰা পৰিয়ালৰ সম্মান বাঢ়ে।

নাৰীৰ জনন অংগক দুটা ভাগত ভাগ কৰিব পাৰিঃ

1. বাহ্য জনন অংগ
2. আন্তৰিক জনন অংগ

কিশোৰ- কিশোৰীৰ বাবে এই অংগৰ বিষয়ে জনাটো আৱশ্যক হয়। ইয়াৰ পৰা তেওঁলোকে নিজে বুজি পোৱাত সহায়ক হব। নিজে ভালদৰে জানিলেহে সৰ্বাংগীণ বিকাশ সম্ভৱ হব।

1. বাহ্য বা বাহিৰৰ জনন অংগ

স্ত্ৰীৰ দুয়োটা কৰঙণৰ মাজত মধ্য জনেন্দ্ৰিয় স্হিত থাকে। ওপৰৰ পৰা চালে ই এক ফলা ফটা অংগৰ দৰে দেখাত কিন্তু ইয়াৰ ভিতৰৰ ৰচনা বৰ কঠিন হয়। বাহ্য জনন অংগক খণ্ডত বিভক্ত কৰিলে বুজাত সহায় হব।

(ক) ভগ

স্ত্ৰীৰ জনন অংগৰ বাহিৰা ৰূপ যি ফলা ফটা হয় তাক ভগ বুলি কোৱা হয়। ভগৰ এখন দুৱাৰ দুয়োটা ভাগত ভাগ কৰা হৈছে, এই ভাগ কৰা অংশক ভগস্ত বুলি কোৱা হয়।

(খ) ভগস্ত

বাহিৰৰ পৰা দেখা পোৱা দুয়োটা ভগস্তক বৃহৎ ভগস্ত বুলি কোৱা হয়। ই কিছু উঠি থাকে, শকত আৰু কোমল হয় তথা লগ লাগি থাকে। বিবাহিত স্ত্ৰীৰ ভগস্ত ফাল খাই অলপ বহল হয়।

এই ভগস্তক আঙুলীৰে ফালি চালে দেখা যাই যে আৰু দুটা

ভগস্ত ইয়াত আছে। ইয়াক লঘু ভগস্ত বুলি কোৱা হয়। ই গালপীয়া ৰঙৰ পাতল আৰু কোমল হয়। এই ভগস্তই স্ত্ৰীৰ যোনী দুৱাৰত সুৰক্ষা কবজত কাম দিয়ে তথা ভিতৰৰ অংগক ৰক্ষা কৰে। এই ভগস্তৰ তলৰ ফালে দুটা ছিদ্ৰ স্হিত থাকে। ওপৰৰ ছিদ্ৰ মূত্ৰ মাৰ্গৰ বাবে হয় আৰু কমেও আধা ইঞ্চি তলত দ্বিতীয় ছিদ্ৰ যোগী মাৰ্গৰ বাবে থাকে।

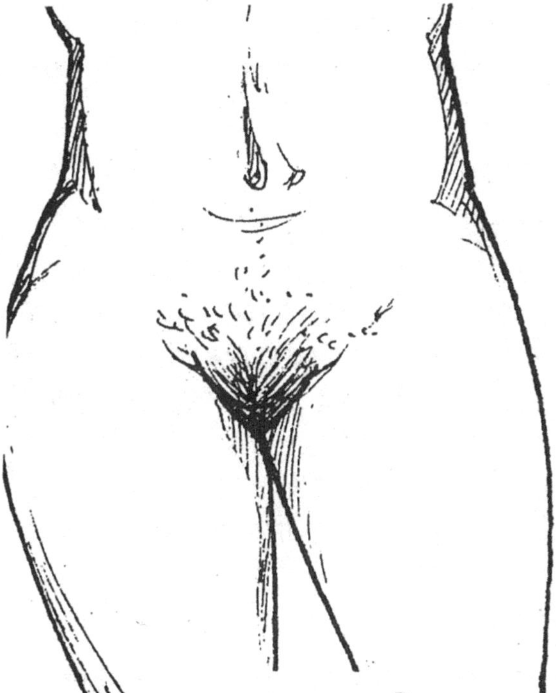

ভগ তথা যোনী

যুৱা অৱস্হাত বাহ্য যোনী অংগত চুলি আহি যায়, যি ভগস্তত বাহিৰা বিকাৰৰ পৰা ৰক্ষা কৰে।

(গ). ভগনাসা

ভগৰ ভিতৰত মূদ্ৰ ছিদ্ৰৰ পৰা প্ৰায় এক ইঞ্চি ওপৰত অলপ উঠা থাকে, যাক ভগনাসা বুলি কোৱা হয়। আচলতে ভগনাসা পুৰুষ শিশনৰ অবিকাসীত ৰূপ হয়, যত শিশনৰ সমান ফোফুলা কোষ থাকে তথা কামোত্তেজনাৰ সময়ত ভগনাসা ফুলি ডাঙৰ হৈ যায়।

(ঘ) বোর্থলিন গ্ৰন্থি

এইটো ভগস্তৰ ইফালে সিফালে দুটা কাউপাৰ গ্ৰন্থিৰ সমান হয়, কামোত্তেজনা হোৱাৰ সময়ত ইয়াত পাতল শ্ৰাৱ উলায়, যিয়ে যোনী নলিকাক তিয়াই পেলায় যাতে শিশন সহজে প্ৰৱেশ কৰিব পাৰে।

2. আন্তৰিক জনন অংগ

নাৰীৰ আন্তৰিক জনন অংগত গৰ্ভধাৰণ হয় আৰু শিশুৰ জন্মৰ প্ৰচেস্টা চলে। আন্তৰিক জনন অংগক নিম্নলিখিতৰ দ্বাৰা বুজাত সহায় হব-

(ক) কুমাৰিচ্ছেদ

কুমাৰিৰ যোনী দুৱাৰত এটা ঝীল্লীৰ পৰ্দাৰে ঢাকি থাকে। ইয়াৰ উপৰি ভাগত এটা ছেদ থাকে যাৰ পৰা মহেকীয়া শ্ৰাৱ বাহিৰ উলায়। প্ৰথম সমাগমত এইটো পৰ্দা ফাটি যায়, যাৰ পৰা ৰক্তশ্ৰাৱ হয় তথা স্ত্ৰীৰ কষ্টও হয়। কিন্তু এনেকুৱা সকলো স্ত্ৰীৰ সৈতে হয় এনেকুৱা কঠোৰ নিয়ম নাই। সৰু অৱস্হাত খেলা ধুলা, দৌৰা, চাইক্লিং বা সাঁতুৰিলেও এইটো পৰ্দা ফাটি যায়। কেতিয়াবা এইটো পৰ্দা ইমান কঠোৰ হয় যে ইয়াক অপাৰেচনৰ দ্বাৰা ফালা হয়। কিন্তু এনে ক্মত কম হয়, সেয়ে কুমাৰিচ্ছেদ বা পৰ্দা থকা কুমাৰি হোৱা এক মাত্ৰ প্ৰমাণ নহয়।

(খ) যোনীমাৰ্গ

কিশোৰী সকলৰ যোনী মাৰ্গৰ গভীৰতা 3.5 ইঞ্চিৰ পৰা 8 ইঞ্চিলৈ হয়। বিবাহিত স্ত্ৰীৰ যোনী নলিকা অধিক গভীৰ হয়। যোনী নলিকা ভগৰ পৰা গৰ্ভাশয় মূখলৈ যায়। মাহেকীয়া শ্ৰাৱ এই মাৰ্গৰ পৰাই বাহিৰ আহে। শিশুৱে এই মাৰ্গৰ পৰাই জন্ম লয়। এই নলিকাতে পুৰুষে মৈথুন সম্পাদন কৰে। যোনী মাৰ্গৰ বিশেষত্ত হল- ইয়াৰ ৰসদায়কতা। প্ৰসৱৰ সময়ত যোনীৰ দুৱাৰ অসাধাৰণ ৰূপত ফাল খাই শিশু জন্ম দিয়ে। যোনীৰ দুৱাৰত পাতল আৰু কোমল শ্লেস্মা ঝীল্লীৰে গঠিত হয়। এই ঝীল্লীত সৰু সৰু গ্ৰন্থি থাকে যিয়ে শ্ৰাৱ এৰে তথা যোনী মাৰ্গক সুঠাম কৰি ৰাখে।

যোনীৰ অগ্ৰভাগৰ এক অম্লীয় শ্ৰাৱ (লেকটিক এছিদ) থাকে।

যিয়ে বাহিৰৰ পৰা অহা বীজাণুৰ পৰা যোনী মাৰ্গক ৰক্ষা কৰে। এই অম্লীয় ৰসৰ প্ৰভাৱত শুক্ৰাণু মৰিব পাৰে, সেয়ে দুই মাহেকীয়া ধৰ্মৰ মাজৰ সময়ত যোনীলৈ যেতিয়া শুক্ৰাণু অণ্ডাশয়ৰ পৰা বাদিৰ উলাই, সেই সময়ত এই টেঙা অম্ল উলোৱা বন্ধ হৈ যায়। ইয়াৰ উপৰিও যোনীৰ পিছৰ ভাগৰ এক শাৰীয় শ্ৰাৱ থাকে, যত শুক্ৰাণু সুৰক্ষিত থাকে। পুৰুষৰ বীৰ্য পাতো যোনীৰ পিছৰ ভাগৰ পৰা কৰোৱা হয়।

(গ) গৰ্ভাশয়

গৰ্ভাশয় নাচপতি আকাৰৰ প্ৰায় 70 মিলি মিটাৰ দীঘল আৰু 45 মিলি মিটাৰ বহল এক বস্তাৰ সমান হয়। ই মলাশয় তথা মূত্ৰাশয়ৰ মধ্যত স্হিত থাকে। গৰ্ভ বৃদ্ধিৰ সৈতে গৰ্ভাশয়ৰ আকাৰো বাঢ়ি যায়। ইয়ালৈ যে গোটেই সন্তানটো নিজৰ মাজতে ৰাখে। এই স্হানতে শিশু ন মাহলৈ থাকে তথা পোষণ প্ৰাপ্ত কৰে।

গৰ্ভশয় অত্যন্ত ৰসাল পেশী তন্তুৰ দ্বাৰা গঠিত হয়। গৰ্ভাকালৰ সময়ত গৰ্ভশয় ফুলি এক ফুটলৈ হৈ যায়। বীৰ্য স্খলনৰ পিছত গৰ্ভাশয়ত গৰ্ভাশয় মূখৰ দ্বাৰা গৈ পায়। গৰ্ভাশয় মূখ অত্যন্ত ছিদ্ৰৰ সমান হয়। গৰ্ভাশয় গ্ৰিভা যত যোনী মাৰ্গৰ নেজ থাকে, ইয়াৰ পৰা শুক্ৰাণু বীৰ্যৰ পৰা উলাই ডিম্বাণুৰ সৈতে মিলিত হবলৈ ডিম্বাণু

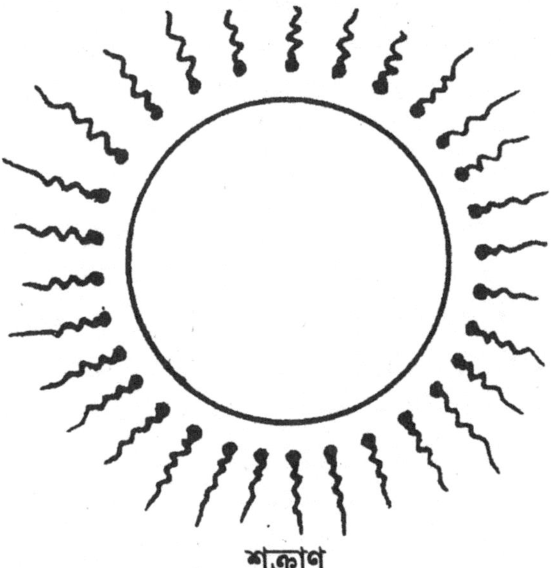

শুক্ৰাণু

নলিকাৰ ফালে যাত্ৰা আৰম্ভ কৰে।

(ঘ) ডিম্বাণু নলীকা

ই সংখ্যাত দুটা হয় আৰু গৰ্ভাশয় সোঁ আৰু বাওঁ ফালে খুলি যায়। ইয়াৰ দ্বিতীয় শিৰা ডিম্বাশয়ৰ সৈতে সম্বন্ধ ৰাখে। ডিম্ব নলিকাত পৰিপক্ক ডিম্বাণু নলিকাৰ পাৰ ভাঙি আহে আৰু ইয়াত ৰখি শুক্ৰাণুৰ অপেক্ষা কৰে।

এইটো ডিম্বনলিকা পুৰুষৰ শুক্ৰ নলিকাৰ সমান হয়। শুক্ৰ নলিকাত যেনেকৈ শুক্ৰাণুৱে যাত্ৰা কৰে ঠিক তেনেকৈ ডিম্ব নলীকাৰ ৰাস্তাটো পৰিপক্ক ডিম্বাণুৱে যাত্ৰা কৰে, ডিম্ব নলিকাত কোমল শিৰা থাকে, যত খেলি মেলিৰ ভাৱ আহি থাকে। ডিম্বাণু এই খেলি মেলিৰ বাবে আগবাঢ়ি যায়।

শুক্ৰাণু গৰ্ভাশয়ৰ যাত্ৰা সমাপ্ত কৰি এই নলিকাত প্ৰৱেশ কৰে, যত বহি কা ডিম্বাণু শুক্ৰাণুক আকৰ্ষিত কৰা বাবে এক বিশেষ গোন্ধ এৰে। লাখ লাখ শুক্ৰাণুৰ মাত্ৰ এটা শুক্ৰাণুহে ডিম্বাণুৰ সৈতে সংযোগ হৈ সগৰ্ভিত হৈ উঠে।

(ঙ) ডিম্বাশয়

ডিম্বাশয়ো সংখ্যাত দুটা আৰু আকাৰত বাদামৰ সমান হয় তথা গৰ্ভশয়ৰ সোঁ আৰু বাওঁ ফালে স্হিত থাকে। এই ডিম্বাশয়ত ডিম্বাণু ভৰি থাকে ডিম্বাণু গোলাকাৰ হয় যাৰ ওপৰৰ আৱৰণ কঠোৰ হয় তথা ভিতৰত প্ৰোটিন চৰ্বি আৰু অন্য পদাৰ্থ থাকে, শুক্ৰাণুৰ সমানে ইয়াতো এটা কেন্দ্ৰ থাকে। ইয়াৰ আকাৰ ইংৰাজীৰ ফুল স্টপৰ এক ভাগৰ চাৰি অংশ হয়।

ডিম্বাশয়ৰ পৰা প্ৰতি মাহে এটা ডিম্বাণু পৰিপক্ক হৈ উলায়। এই প্ৰকৰে প্ৰতি মাহে এক ডিম্বাশয়ৰ পৰা এটা ডিম্বাণু উলাই আৰু পিছত ডিম্ব নলিকাৰ জাল থকা স্হানত পৰে তথা তাৰ পৰা ডিম্ব নলিকাত নিজৰ যাত্ৰা আৰম্ভ কৰে। যি ধৰণে পুৰুষৰ তাত শুক্ৰাণুৰ উৎপাদন স্হান ডিম্বকোষ হয় তেনেকৈ স্ত্ৰীৰ ডিম্বাণুৰ উৎপাদনৰ স্হান ডিম্বাশয় হয়।

পুৰুষ বীৰ্যত যত লাখ লাখ শুক্ৰাণু থাকে, তাতে স্ত্ৰী ডিম্বশয়ৰ পৰা মাত্ৰ এটা ডিম্বাশয় উলাই। ইয়াৰ কাৰণ এইটো হয় যে ডিম্বাণুৰ যাত্ৰা পূৰ্ণ ৰূপত সুৰক্ষিত থাকে, আৰু কিছু দুৰৰ হয়,

যত শুক্ৰাণুৰ মাৰ্গ অসুবিধাৰে ভৰি থাকে আৰু ই দীঘল দুৰত্বক পূৰ্ণ কৰে।

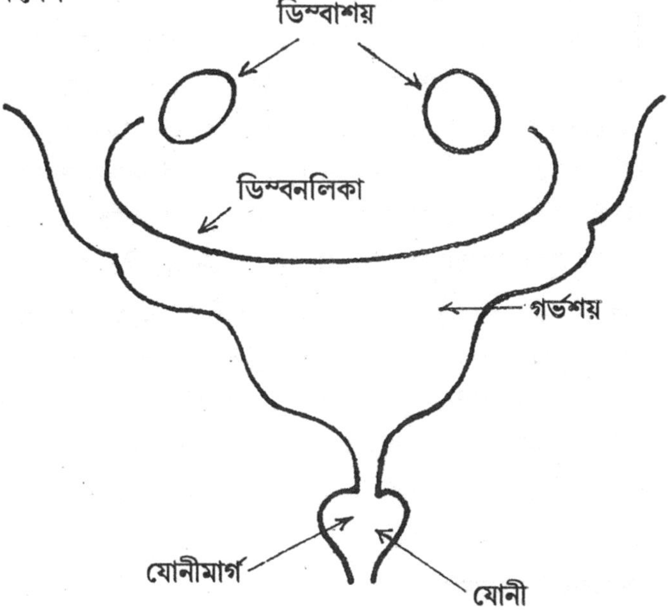

ডিম্বাশয়ত এবাৰ ডিম্বাণুৰ ভোজন হোৱাৰ পিছত দ্বিতীয় ডিম্বাণু পৰিপক্ক হোৱালৈ 28 দিন লাগে। সেই বাবে মাহেকীয়া ধৰ্ম প্ৰায় 28 দিনৰ অন্তৰত হয়।

স্তন আৰু ইয়াৰ ৰচনা

নাৰী প্ৰজনন অংগত স্তনে এক উচ্চ স্হান দখল কৰে। স্তন নাৰীত্ত্বৰ সৰ্বাধিক সৌন্দৰ্য্যবৰ্ধক আৰু আকৰ্ষক অংগ হয়। যদিও কিছু লোকে ইয়াক কেৱল নিজক তৃপ্তি দিয়াৰ অংগতকৈ বেছি বুলি নাভাৱে। কিন্তু ইয়াৰ মহত্ত্ব

কম বেছি হয়। ইয়াৰ উপৰিও আচল কাৰণ হল ই আশ্চাৰ্য্য জনক ভাৱে স্ত্ৰীৰ শৰীৰত ৰসায়নিক পৰিৱৰ্তন কৰি ৰক্ত গাখীৰলৈ ৰূপান্তৰিত কৰি দিয়ে।

পূৰ্ব কালত মানৱ জাতিৰ অস্হিত্ত্ব স্তনৰ ওপৰতে নিৰ্ভৰ আছিল। শীঘ্ৰকালিন ভাৱে মহিলা সকল সাধাৰণতে গৰ্ভৱতী আছিল আৰু এটাৰ পিছত এটা সন্তান জন্ম দি থাকিছিল। সেই সময়ত মাকৰ স্তনত লাগতিয়াল গাখীৰ আছিল আৰু কম বাৰ সন্তান জন্ম হোৱাৰ

পিছতো ই থাকিছিল। যদি শিশুৰ মাক মৰি যায় তেন্তে ঘৰৰ অন্য ডাঙৰ বৃদ্ধাই শিশুক গাখীৰ পান কৰায়।

স্তন এটা কম জটিল গ্ৰন্থিৰে নিৰ্মিত থাকে যত চৰ্বিৰ আৱৰণ ভৰি থাকে। কিছু মহিলাৰ গাত এইটো গ্ৰন্থি কম থাকে আৰু কিছুমানৰ গাত কমত থাকে। এই গ্ৰন্থি গাখীৰ উৎপন্ন কৰা কোষ হয়, এই কোষ অলেখ সংখ্যাত থাকে। ইয়ে গাখীৰৰ অদৃশ্য টোপাল উৎপন্ন কৰে যি দুর নলিকালৈ গৈ পায়। এই প্ৰকাৰে কমেও 70-75 নলিকা স্তনৰ অন্তিম ভাগৰ সৈতে জৰিত হৈ থাকে।

যেতিয়া স্ত্ৰী মা বনে তেতিয়া প্ৰলেক্টিন নামৰ হৰমন তেওঁৰ মস্তিস্কৰ তলত স্হিত পিটিউটৰি গ্ৰন্থিৰ পৰা গাখীৰ উৎপাদনৰ কাৰ্য্য আৰম্ভ কৰি দিয়ে। শিশু জন্মৰ চাৰিদিনলৈ স্তনত কোলেস্ট্ৰল নামৰ এটা হালধীয় দ্ৰব্য উলাই, যদিও ইয়াত শিশুৰ পৌষ্টিকতাৰ নাম মাত্ৰও নাথাকে তথাপি ই শিশুৰ বাবে লাভদায়ক হয়। ইয়াৰ

স্তনৰ সংৰচনা

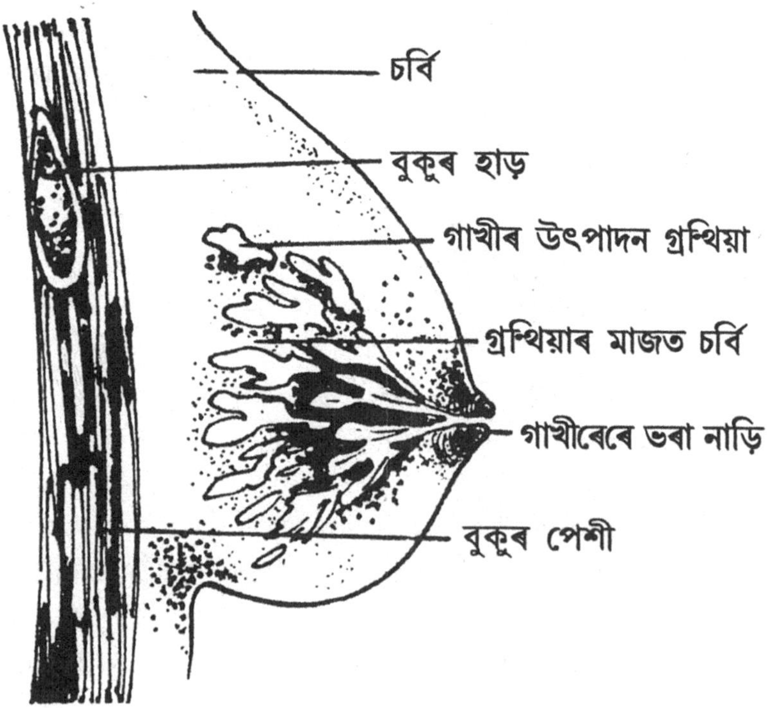

পৰা শিশুৰ পাচন নলিত জমা কফ বাহিৰ উলোৱাত সহায় হয় তথা শিশুক পানী লগা জ্বৰ আদিৰ পৰা ৰক্ষা পৰে। পঞ্চমদিনা স্তনৰ পৰা শুদ্ধ গাখীৰ উলোৱা আৰম্ভ হয়।

প্ৰথম প্ৰসতিৰ পিছত প্ৰতি নৱ যুৱতীয়ে ভয় খাই যে স্তন পানৰ দ্বাৰা তেওঁৰ শাৰীৰিক আকৰ্ষণ কমি যাব, কিন্তু বাস্তৱত এই আশংকা ভুল হয়। স্তন পানৰ দ্বাৰা স্তৰ তন্তুৰ পৰা অলপো প্ৰভাৱ নপৰে, বৰং স্বাস্থ্য শকত হৈ যায়। স্তনত নিৰ্মিত গাখীৰ শিশুৰ আৱশ্যক অনুসাৰে হয়, সেয়ে যিমানে সম্ভৱ মাকে নিজৰ শিশুক স্তন পান কৰাব লাগে।

স্তন পানৰ দ্বাৰা মাতৃ সমূহৰ আৰু কম লাভ হয়। ইয়াৰ পৰা গৰ্ভশয়ত সংকোশণৰ সহায় পায়। সন্তান জন্মৰ পৰা যি গৰ্ভশয় খুল খাই যায়, স্তন পানৰ দ্বাৰা ই সামান্য ৰূপ লয়। এই সংকোশনৰ পৰা ৰক্ত শ্ৰাৱ ভয়ো কম হৈ যায় আৰু স্ত্ৰী সকলো ৰতি ক্ৰিয়াত আনন্দ লাভ কৰে।

কোনো স্ত্ৰীৰ স্তন কমত ডাঙৰ হয় আৰু কিছুমানৰ সৰু হয়। সুস্থ মহিলাৰ স্তন 40-45 বয়সলৈ সুস্থিৰ হৈ থাকে। যদি উলমি পৰে তেন্তে কোনো ভাল চিকিৎসৰ সহায় লব পৰা যায়, কিন্তু স্তনৰ আকাৰ কমত সৰু হলে 'চিলিকন' নামৰ দ্ৰব্যৰ ইঞ্জেকচন লগোৱা ভাল নহয়।

সক্ৰিয় আৰু উৎপাদক জীৱনৰ বাবে স্তনৰ সৃষ্টি হৈছে, যুৱ মাতৃ সকলৰ ই মাত্ৰ শোভাৰা অংগ হিচাপে নাভাৱি নৱ জাত শিশুসকলক স্তন পান অনিবাৰ্য্য ৰূপত কৰাব লাগে।

আয়ুৰ্বেদাচাৰ্য্যসকলৰ মতেঃ

पुरुषेभ्योऽधिकाश्चान्ये नारीणां आशय: त्रय:।
धरा गर्भाशिय: प्रोक्त: स्तनौ स्तन्याशयौमतौ॥

স্ত্ৰীসকলৰ পুৰুষৰ তুলনাত তিনিটা আশয় অধিক থাকে- দুটা স্তন আৰু এটা গৰ্ভাশয়। হৈ প্ৰকাৰে আশ্চায্যই স্তনক আশয় অৰ্থাৎ আশ্ৰয়দাতা বা জীৱনদাতা বুলি মানি লৈছে। ইয়াক উৰ্দ্ধ

প্ৰজনন অংগ বুলিও কোৱা হয়, ফলস্বৰূপে ইয়াৰ সামৱেশ কামাংগত অন্তৰ্গত কৰা হৈছে।

স্ত্ৰীসকলৰ কামেন্দ্ৰিয়

স্ত্ৰীসকলৰ কাম অংগক দুটা ভাগত ভাগ কৰা হৈছে- 1. নাভিৰ পৰা ওপৰৰ অংগ। 2. নাভিৰ পৰা তলৰ অংগ।

ওপৰৰ অংগত চকু, ওঁঠ, গাল, ডিঙি, স্তন, বক্ষস্থল, আৰু নাভি আছে। স্পৰ্শৰ প্ৰভাৱত হৈ সকলো অংগ উত্তেজিত হৈ কামবাসনা জাগ্ৰত কৰি তোলে।

তলৰ অংগত জননেন্দ্ৰিয় ককাল, নিতম্ব, কৰঙণ, আঠু, ভৰি আৰু আঙুলি আছে। এই সকলো স্পৰ্শ আদিৰ দ্বাৰা মৈথুন ক্ৰিয়াক উত্তেজিত কৰি তোলে। কিন্তু মৈথুন ক্ৰিয়াৰ মূল উদ্দেশ্য সন্তনোপত্তি হয়, সেয়ে ইয়াৰ অধিক উল্লেখ কৰাটো তৰ্ক সংগত নহব।

●●●

মাহেকীয়া ধর্ম

মাহেকীয়া ধৰ্ম বা ৰজদৰ্শন কিশোৰীসকলৰ পৰিপক্ক হোৱাৰ লক্ষণ হয়। মাহেকীয়া ধৰ্ম ভাৰতৰ দৰে গৰম দেশত প্ৰায় 13- 14 বছৰৰ বয়সত হয়। ঠাণ্ডা দেশত ই অলপ বিলম্বৰে হয়। মাহেকীয়া ধৰ্ম প্ৰায় 40-50 বৰ্ষ আয়ুলৈ হৈ থাকে।

ৰজদৰ্শনৰ পূৰ্বে ই কিশোৰীসকলৰ স্তন সুগঢ়ি হৈ উঠে। স্তনৰ কিছু কাঢ়া হৈ যায়, যদিও ই এই বৃদ্ধি শাৰীৰকি ভাৱে ভিন্ন ভিন্ন হয়, ইয়াত চিন্তাৰ কোনো কাৰণ নাই।

শৰীৰ যেতিয়া পৰিপক্ক হৈ উঠে তেতিয়া কিশোৰীসকলৰ শৰীৰত 'ডিম্বমোচন' আৰম্ভ হৈ যায়, অৰ্থাৎ ডিম্বাশয়ৰ পৰা ডিম্বাণুৰ পৰিপক্ক হৈ ডিম্বনলিকাত আহিবলৈ ধৰে তথা 28 দিনৰ অন্তত মাহেকীয়া ধৰ্ম আৰম্ভ হৈ যায়, কাৰণ এয়টাৰ পিছত এটা ডিম্বাণু মোচনত কমেও 28 দিনৰ অন্তৰাল থাকে। মাহেকীয়া ধৰ্মত যোনী মাৰ্গৰ পৰা 3-5 দিনলৈকে ৰক্তশ্ৰাৱ হৈ থাকে।

এই ৰক্ত অহা ৰসহ্য ডিম্বাণুৰ সৈতে সম্বন্ধীত থাকে। পৰিপক্কত ডিম্বাণু যেতিয়া ডিম্বাশয়ৰ পৰা ডিম্ব নলিকাক চুৱে তেতিয়া নিজৰ সৈতে এটা তৰল হৰমনো লৈ আনে যি শৰীৰৰ প্ৰতি ভাগত গৰ্ভাশয় ৰক্ত একত্ৰিত কৰাৰ আদেশ দিয়ে। এনে দশাত গৰ্ভাশয়ত শূক্ষ্ম কোষৰ ৰক্ত ভৰা আৰম্ভ হৈ যায় তথা গৰ্ভাশয়ত অস্ত স্পঞ্জৰ দৰে ফুলি কোমলীয়া হৈ যায়। গৰ্ভাশয়ত এই ৰক্তৰ সঞ্চয় অগৰ্ভিত ডিম্বাণু অহাৰ সম্ভাৱনা অথবা আশাত থাকে। যদি ডিম্বাণু শুক্ৰাণুৰ দ্বাৰা অৰ্ভিগত হৈ গৰ্ভাশয়লৈ গৈ পায় তেন্তে তাত সঞ্চিত ৰক্তৰ পৰা নিজৰ পোষণ প্ৰাপ্ত কৰে, ফলস্বৰূপে যোনী মাৰ্গৰ ৰক্তশ্ৰাৱ নহয় তথা মাহেকীয়া ধৰ্ম বন্ধ হৈ যায়। যদি ডিম্বাণু সগৰ্ভিত নহয় তেতিয়া গৰ্ভাশয় লাগি নাযায় তথা এনে দশাত তাত সঞ্চিত ৰক্তৰ কোনো কাৰ্য্য নাথাকে আৰু ই যোনী মাৰ্গৰ পৰা বাহিৰ উলাই আহে।

যদি কোনো ছোৱালীয়ে হঠাৎ নিজৰ বস্ত্রত তেজৰ দাগ দেখে তেন্তে ভয় কৰিব নালাগে, বৰং তেওঁ তুৰন্তে নিজৰ মাকক এই বিষয়ে কব লাগে। ৰজদৰ্শনৰ পূৰ্বে কমবাৰ কিশোৰীৰ স্বাস্থ্যৰ অৱনতি ঘটে, কিন্তু মাহেকীয়া শ্ৰাৱৰ পিছত সকলো ভাল হৈ যায়।

মাহেকীয়া ধৰ্ম এবাৰ আৰম্ভ হয় 28 দিনৰ অন্তৰত 40-45 বয়সলৈ চলি থাকে। গৰ্ভৰ স্থিতি 10-11 মাহলৈ মাহেকীয়া ধৰ্ম নহয়। মাহেকীয়া ধৰ্ম হোৱাৰ অৰ্থ হল স্ত্রীয়ে গৰ্ভধাৰণৰ ক্ষমতা পাই যায়। দুটা মাহেকীয়া ধৰ্মৰ অন্তৰত সকলো স্ত্রীৰ তাত একে নহয়, কিছুমানৰ 29, কিছুমানৰ 30, কিছুমানৰ 25 দিনত হয়। সদায় এক নিশ্চিত সময়ৰ পিছত মাহেকীয়া ধৰ্ম নহয়। এনে হোৱা কোনো ৰোগৰ লক্ষণ নহয়- ই স্বাভাৱিক হয়। এই তথ্য ধ্যানত ৰাখিব।

যেতিয়া কিশোৰী সকলৰ মাহেকীয়া ধৰ্ম আৰম্ভ হৈ যায় তেতিয়া ইয়াৰ অৰ্থ হল, তাই গাভৰু হৈ গল। এই সময়ত ডিম্বাশয়ৰ গোনাডচ নামৰ হৰমন বনি যোৱা আৰম্ভ হৈ যায়। ইয়াৰ ফলস্বৰূপে মাহেকীয়া ধৰ্ম আৰম্ভ হৈ যায়, তপিনা গোল হবলৈ ধৰে, স্তনৰ আকাৰ বাঢ়িব ধৰে, মূখৰ আকৰ্ষণ বাঢ়ি যায়, স্বভাৱত লাজ আহি যায়, গোপ্তাংগত চুলি উৎপন্ন হৈ যায়, মনত ৰঙিন কল্পনা জাগিব ধৰে। লৰাৰ প্ৰতি আকৰ্ষণ বাঢ়ি যায়। কেতিয়াবা কেতিয়াবা কিছু মানসিক খেলি মেলিও হয়, যেনে- অকাৰণতে খঙ উঠা।

এই শাৰীৰিক আৰু মানসিক লক্ষণৰ পৰা লাজ, ভয়, গ্লানি তথা চিন্তা কৰাৰ কোনো আৱশ্যকতা নাই। এই লক্ষণ প্ৰাকৃতিক আৰু স্বাভাৱিক হয়।

কেৱল 20 শতাংশ কিশোৰীয়ে এনে হব যে যিয়ে মাহেকীয়া শ্ৰাৱৰ সময়ত কোনো প্ৰকাৰৰ কষ্ট নাপায়, অন্যথা অলপ কমত কষ্ট সকলোৱে পায়। পেট ফুলি যোৱাৰ কাৰণে বাৰে বাৰে পেচাৱ কৰাৰ ইচছা হয়। অলপ অলপ কৰি কামোত্তেজনাও হয়। স্তন ফুলি যায় আৰু ইয়াত বিষৰ অনুভৱ হয়। শৰীৰত ভাগৰৰ সৈতে বিষো হয়। মন মৰা, পেটৰ বিষ হোৱা, ককালৰ বিষ, টোপনি নাহা, ভোজনত মন নোহোৱা আদি ইয়াৰ লক্ষণ হয়।

আৰম্ভনিত মাহেকীয়া শ্ৰৱ কমকে হয়। ইয়াৰ ৰং ৰঙা নাথাকে। তাত বিশেষ ধৰণৰ গোন্ধ থাকে। দ্বিতীয় আৰু তৃতীয় দিনত শ্ৰৱৰ পৰিমান বাঢ়ি যায়। সাধাৰণতে দ্বিতীয় দিনা শ্ৰৱ বেছি হয় আৰু পঞ্চম দিনা শ্ৰৱ কমি যায়। এই সময় কালত দুই শতাংশ ৰক্ত শ্ৰৱ হয়, কিন্তু দৌৰিলে, কামোত্তেজনাৰ পৰা, মাদক দ্ৰব্যৰ সেৱন, গৰম আহাৰ খালে এই শ্ৰৱ বাঢ়ি যায় আৰু ঠাণ্ডা লাগিলে তথা চিন্তা আদি কৰিলে ই কম হৈ যায়।

ৰক্তশ্ৰৱ হলে চিন্তাৰ কোনো কথা নাই যে ইমান ৰক্ত এনে গল। বৈজ্ঞানিকৰ দৃষ্টিত এই ৰক্ত শুদ্ধ নহয়, ই হল এক প্ৰকাৰৰ মলি। ইয়াৰ ৰং তেজৰ দৰেও নহয়। এনে মানা আছে যে ঋতুমতি স্ত্ৰীয়ে যদি কোনো পুষ্প স্পৰ্শ কৰে তেন্তে ই মৰহি যায়। ঋতুমতি স্ত্ৰীৰ স্পৰ্শত খাদ্য দুষিত হৈ যায়, সেয়ে বিদ্ধান সকলে পৰামৰ্শ দিছে যে ঋতুমতি স্ত্ৰী সাৱধানেৰে থকা উচিত আৰু শাৰিৰীক তথা মানসিক শ্ৰম কম কৰিব লাগে। একান্তত থকা তথা পোষ্টিক আহাৰ গ্ৰহণ কৰিব লাগে। এই সময়ত য়োনি আদি গুপ্তেন্দ্ৰিয় চাফা ৰাখিব লাগে।

ঋতুশ্ৰৱৰ সময়ত অঙ্গৰ চাফ-চিকুণ কৰা আৰু ঠাণ্ডা বস্তুৰ পৰা আতঁৰি থাকিলে মহিলা সকল কমত কষ্টৰ পৰা মুক্ত থাকিব। এনে ধৰণে প্ৰচলিত আছে যে ঋতুশ্ৰৱৰ সময়ত চফাকে থকাৰ আৱশ্যকতা নাই বৰং লেতেৰাকে থকাই ভাল, কিন্তু বৈজ্ঞানিকৰ মনা আছে এই পদ্ধতি কমতে হানিকাৰক হয়। এই অৱসৰত য়োনীমাৰ্গত প্ৰয়োগ কৰা বস্ত্ৰ চাফা হব লাগে। ই চাফা নহলে তাত থকা বিজাণু যোনিমাৰ্গৰ দ্বাৰা গৰ্ভাশিয়লৈ গুচি যায়। ইয়াৰ পৰা অনেক ৰোগ হব পাৰে।

য়োনিক নিত্য দুবাৰকৈ চাফা পানীৰে ধোঁৱা আৱশ্যক হয়। পানীত কোনো ঔষধ মিলোৱাৰ আৱশ্যকতা নাই। চাফা কাপোৰ, তুলা বা চেনেটৰি টাৱেল ব্যৱহাৰ কৰিব পাৰি।

মাহেকীয়া ধৰ্মত নদীত সাতুঁৰি স্নান কৰিব নালাগে। যদি শৌচ বন্ধ হয় তেতিয়া ইয়াকো দূৰ কৰাৰ উপায় কৰিব লাগে। ঋতুকালৰ সময়ত সকলো প্ৰকাৰৰ দৰৱ সেৱন বন্ধ কৰিব লাগে, আৰু আইৰণ থকা কোনো ধৰণৰ দৰৱে এৰি দিব লাগে।

ঋতুপ্ৰপ্তিৰ সময়ত স্ত্ৰীৰ বীজকোষ (অণ্ডাকোষ) আৰু গৰ্ভাশয়ত এক প্ৰকাৰৰ বিকাৰ উৎপন্ন হোৱা আৰম্ভ হয়। ইয়াৰ এক চক্ৰ আছে যি 28 দিনত পুৰ্ণ হয়। যদি 28 দিনৰ অৱধিত গৰ্ভ স্হীত হৈ যায় তেন্তে প্ৰসৱ কাললৈ এই চক্ৰ বন্ধ হৈ যায়।

অণ্ডকোষত দুই প্ৰকাৰৰ অন্তঃশ্ৰৱ থাকে যি ৰক্তশ্ৰৱত মিলি কাম বাসনা উৎপন্ন কৰে। ৰজোগল, যি অণ্ডকোষত পকি আছে, মাহেকীয়া হোৱাৰ প্ৰথম দিনৰ পৰা 13 বা 14 দিনলৈ, কোনো এটা দিনতে অণ্ডকোষৰ পৰ্দা ফালি আৰু পকি অণ্ডকোষ নলীকাৰে গৰ্ভাশয়লৈ গৈ পায়। এতিয়া গৰ্ভাশয়ত যদি আগৰ পৰা বীৰ্যকত (শুক্ৰাণু) নাথাকে অথবা ই তাত গৈ পোৱাৰ পিছত ইয়াৰ বীৰ্যৰ সৈতে সমাগম নহয় তেতিয়া ৰজোগল বা অণ্ডাণু পৰি যায়।

অণ্ডাণু যেতিয়া অণ্ডকোষৰ পৰা বাহিৰ আহে তেতিয়া তাৰ ওপৰৰ খোল কিছু দিনলৈ তেনেকে থাকে। ইয়াতো এক প্ৰকাৰৰ অন্তঃশ্ৰৱ থাকে, যৰ পৰা য়োনীমাৰ্গ, গৰ্ভাশয় আৰু স্তন পুষ্ট হয় আৰু অণ্ডাণুৰ পৰা ফাটি যোৱা অন্তঃশ্ৰৱৰ পৰা গৰ্ভাশয়ৰ ভিতৰত এক প্ৰকাৰৰ জাল সজাই দিয়ে। যদি গৰ্ভ ৰৈ যায় তেন্তে এই জাল তাতে লাগি ধৰে, কিন্তু এই জাল বনে- যেতিয়া অণ্ডকোষৰ অন্তঃশ্ৰৱ গৰ্ভাশয়ক সঠীক স্হানত ৰাখে। গৰ্ভধাৰণ নোহোৱা স্হিতিত এই খোল শুকাই যায়। অন্য শ্ৰৱ লাহে-লাহে কম হৈ বন্ধ হৈ যায়।

গৰ্ভধাৰণ নহলেও এই খোল 9 মাহলৈ বনি থাকে আৰু তাৰ শ্ৰৱো চলি থাকে, কিন্তু প্ৰথম শ্ৰৱ বেছি হলে প্ৰসৱ হয়। এই প্ৰকাৰে প্ৰথম শ্ৰৱ যি অণ্ডকোষৰ পৰা হয়- স্ত্ৰীৰ জ্ঞানেন্দ্ৰিয়ৰ বাবে লাভদায়ক হয়। এই প্ৰকাৰে দ্বিতীয়-শ্ৰৱ গৰ্ভৰ বাবে উপযোগী হয়।

দুয়োবিধ শ্ৰৱ পৰস্পৰৰ বিৰোধী হয় সেয়ে অণ্ডকোষৰ শ্ৰৱ প্ৰবল হলে গৰ্ভধাৰণ নহয়। গৰ্ভধাৰণ হৈ গলে অণ্ডকোষৰ শ্ৰৱৰ ইঞ্জেকচন দিলে গৰ্ভ পৰি যায় আৰু বীজক কাটি বাহিৰ কৰি দিয়া হয় আৰু অণ্ডকোষৰ কাৰ্য বন্ধ হৈ যায় আৰু যোনিমাৰ্গ, গৰ্ভাশয় আৰু স্তন শুকাই যাব। যদি অন্তঃশ্ৰৱৰ পুণৰ ইঞ্জেকচন দিয়া হয় তেতিয়া মহিলা নিজৰ আগৰ পৰিস্হিতিত আহি যাব।

মাহেকীয়া ধৰ্ম বিকাৰঃ

মাহেকীয়া ধৰ্ম সম্বন্ধী বিকাৰ, আধুনিকতাৰ এই যুগত 80 পৰা 90 শতাংশ মহিলাৰ ক্ষেত্ৰতে দেখা যায়। ইয়াৰ মূখ্য কাৰণ হল থকা-বোৱাত ব্যতিক্ৰম। মাহেকীয়া ধৰ্ম সম্বন্ধী বিকাৰৰ প্ৰভাৱ স্ত্ৰীৰ স্বাস্থ্যতো পৰে। ইয়াৰ প্ৰভাৱ কেতিয়াবা প্ৰাণঘাটিকো হব পাৰে। সাধাৰণ দুখ, বিষ আদিতো হৈয়ে থাকে।

মাহেকীয়া ধৰ্মৰ বিকাৰত অধিকাংশ মূৰ বিষ, অনিদ্ৰা, হৃদয়ৰ গতি বঢ়া, দুৰ্বলতা, নিৰুৎসাহ আৰু কেতিয়াবা কথা কব মন নোযোৱা আদি অসুবিধা হয়।

মাহেকীয়া ধৰ্মৰ অনিয়মতা অথবা বিকৃতিৰ বাবে- সাধাৰণ আয়ুৰ আগতে ৰজোদৰ্শন হোৱা, যৌনাৱস্হা আহিলেও আৰ্তব কম অহা বা নাহা, অনিয়মিত আৰ্তব-চক্ৰ, ৰক্তস্ৰৱ কম-অধিক হোৱা, ৰক্তস্ৰৱ অধিক দিনলৈ হোৱা আদি। মাহত এবাৰ হোৱাৰ স্হানত বেছি বাৰ ৰজোদৰ্শন, মাহেকীয়া কালত অত্যধীক বিষ হোৱা আদি হয়।

ইয়াত আমি কিছু ঘৰুৱা চিকিৎসাৰ উল্লেখ কৰিছোঃ

1. দুই তোলা অশোকৰ চাল লব। অলপ কুটি 250 গ্ৰাম গাখীৰ আৰু 250 গ্ৰাম পানীত বৈল কৰক। যেতিয়া মিশ্ৰণ আধা হৈ তেতিয়া চালি লৈ মিঠা কৰি খাওঁক। কিছু দিনলৈ খালে মাহেকীয়া ধৰ্মত ৰক্তৰ প্ৰৱালতা কমি যাব।

2. এক তোলা মাটি গুৰি কৰি 250 গ্ৰাম পানীত গুলি ৰাতিটো ৰাখক। ৰাতিপুৱা পানী চাকি পেলাই খাওঁক। ই তেজ ৰখাত লাভদায়ক হয়।

3. গাজৰ এক তোলা আৰু গুড় দুই তোলা আধা সেৰ পানীত উতলাই। যেতিয়া পানী অলপ মান থাকে তেতিয়া চাকি পেলাই খাওঁক। কিছু দিনৰ প্ৰয়োগৰ পিছত বন্ধ মাহবাৰী খুলি যায়।

4. কলা তিল এক তোলা। গোখৰণ এক তোলা। দুয়োটাকে 250 গ্ৰাম পানীত টিয়াই ৰাখক। তাৰ পিছত পানীৰ সেতে পিচি লওঁক আৰু দ্ৰব্যখিনি মিঠা কৰি খাওঁক। কিছু দিনৰ প্ৰয়োগত মাহবাৰী আৰম্ভ হৈ যায়।

5. যদি মাহেকীয়া ধৰ্ম অধিক হৈ তেন্তে গুল ছাঁত 23 শুকাওঁক। ই যেতিয়া ভালকে শুকাই যায় তেতিয়া তাক পিচি লওঁক। ইয়াৰ মাত্ৰা অনুসৰি পিচা চেনি মিলাই লওঁক। এই মিশ্ৰণখিনি চাফা বটলত ৰাখক। এই চুৰ্ণ ৬ মাহ ৰাতিপুৱা গধূলি গাখীৰৰ সৈতে সেৱন কৰক। ইয়াৰ পৰা ৰক্তৰ অধিকতাত অংকুশ লাগিব, লগতে শৰীৰৰ দুৰ্বলতাও দূৰ হব।

●●●

গৰ্ভ ধাৰণ

আগৰ অধ্যায়ত আপুনি পঢ়িছে যে স্ত্ৰী জনন কোশিকা আৰু পুৰুষ জনন কোশিকা শুক্ৰাণু। এই দুইৰ সংযোগৰে গৰ্ভত সন্তানৰ জীৱনৰ সুত্ৰপাত হয়। গৰ্ভধাৰণ কি হয় এই বুজাৰ আগতে জনা উচিত যে অণ্ডাণু আৰু শুক্ৰাণুৰ সংযোগ কেনেকৈ কেনেকে হয়। এনে সংযোগৰ মাধ্যম হল স্ত্ৰী-পুৰুষে নিজৰ নিকট আহি সমাগম কৰে।

সমাগমৰ অন্তত পুৰুষৰ শুক্ৰ স্ত্ৰীৰ যোনীত পৰে, সেই শুক্ৰই গৰ্ভৰ কাৰণ হৈ পৰে। এই বিষয়ক আয়ুৰ্বেদত কোৱা হৈছেঃ

কামন্মিথুনসংযোগে শুদ্ধ শোণিত শুক্ৰজঃ।
গৰ্ভঃ সংজায়তে নাৰ্যাঃ স জাতোবাল উচ্যতে॥

স্ত্ৰী-পুৰুষৰ মিলনত শুদ্ধ আৰ্তব (ৰজ) আৰু শুদ্ধ শুক্ৰ (বীৰ্জ) ৰ মিশ্ৰণত স্ত্ৰীয়ে গৰ্ভধাৰণ কৰে, যি উৎপন্ন হলে সন্তান বুলি কোৱা হয়।

স্ত্ৰী-পুৰুষ ওচৰ আহিলে আকৰ্ষিত হৈ পৰস্পৰৰ নিকট হলে কামোত্তেজনা জাগ্ৰত হয়। স্ত্ৰীয়ে কিবা গ্ৰহণ কৰিবলৈ উৎসুক হৈ যায়। পুৰুষৰ শিশনৰ ফোপোলা কোষত ৰক্ত ভৰি যায় তথা ঠিয় হৈ আকাৰত ডাঙৰ হৈ যায়। ইয়াক শিশন (লিঙ্গ)ৰ ওটিত অৱস্হা বুলি কোৱা হয়। এই ওঠিত শিশনক পুৰুষে স্ত্ৰীৰ যোনী-মাৰ্গত প্ৰবিস্ট কৰি দিয়ে আৰু তাৰ পিছত আঘাত-প্ৰত্যাঘাত কৰে। এই ক্ৰিয়াৰ অন্তত পুৰুষৰ বীৰ্যপাত হয় আৰু বীৰ্য গৰ্ভাশয়ৰ মুখত পেলাই দিয়ে। ইয়াত এক বিশেষ তৰহৰ গোন্ধ আছে তথা ইয়াত লক্ষ্য-কোটি শুক্ৰাণু থাকে। বীৰ্য স্খলনৰ পিছত কামোত্তেজনা শান্ত হয় তথা শিশনত অহা অতিৰক্ত ৰক্ত ওভতি যায়।

সমাগম ক্রিয়াত পুৰুষ দাতা অর্থাৎ বীর্য দিয়া হয় তথা স্ত্রী গ্রহণ কৰা মানে বীর্য গ্রহণ কৰে। এই কাৰণে দুয়োটাৰ জনাঙ্গৰ আকাৰ ভিন্ন হয়। পুৰুষৰ জনাঙ্গ বাহিৰত উলোৱা হয়। স্ত্রীৰ জনাঙ্গ গাঁতৰ ৰূপত থাকে।

সমাগমৰ সময়ত এবাৰ স্খলনত কমেও এক বা ডেড় চামুচ বীর্য উলাই। বীর্য পোৰুষ গ্রন্থি, শুক্রাণু তথা কিছু অন্য গ্রন্থিৰ মিশ্রণৰ শ্রৱ হয়। বীর্জ গর্ভাশয়ৰ মুখৰ ওচৰত পৰে আৰু তাত বনা ফুটাত প্রবিস্ট হৈ শুক্রাণুয়ে অণ্ডনলীকাৰ ফালে নিজৰ যাত্রা আৰম্ভ কৰি দিয়ে। শুক্রাণুয়ে নেজৰ সহায়ত সাঁতুৰে, এক ইঞ্চি যাত্রা কৰাত কমেও 40 মিনিট লাগে। সকলো শুক্রাণু আগ বাঢ়িব নোৱাৰে, কিছু ৰৈ যায় আৰু কিছু মৰি যায়।

আনফালে অণ্ডনলীকাৰ মধ্যত স্হিত অণ্ডাণু শুক্রাণুৰ প্রতিক্ষা কৰি থাকে তথা তাক নিজৰ পিনে আকর্যিত কৰিবলৈ এক বিশেষ ধৰণৰ গোন্ধ এৰি দিয়ে। অনেক শুক্রাণু অণ্ডাণুৰ ফালে বাঢ়ে কিন্তু সংযোগ কেৱল এটাইহে কৰিব পাৰে। যি কোনো এটা শুক্রাণুয়ে অণ্ডাণুক ভেদি তাত সোমাই পৰে। অন্য শুক্রাণুও অণ্ডাণুৰ সৈতে লাগিব খোজে কিন্তু বিফল হয় কাৰণ শুক্রাণুৰ সংযোগ হোৱাৰ লগে লগে অণ্ডাণুৰ চাৰিওফালে এক আৱৰণ বনা আৰম্ভ হৈ যায় তথা অণ্ডাণু সগর্ভিত কোৱা হয়। এই সগর্ভিত অণ্ডাণু অণ্ডনলীকাৰ পৰা বাগৰি গর্ভাশয়ত পাই যায় নিজক গঢ়ি সঞ্চিত ৰক্ত লৈ পোষণ প্রাপ্ত কৰা আৰম্ভ কৰে।

অণ্ডাণু সগর্ভিত হোৱাৰ সময়ত আৰু এক মহত্বপুর্ণ ৰাসায়নিক ক্রিয়া হয়- অণ্ডাণু তথা শুক্রাণুৰ 23-23 গুণ সুত্রৰ মিলন যাৰ পৰিণামস্বৰূপ গর্ভত সন্তানৰ লিঙ্গ, ৰূপ, ৰং, মানসিক তথা ভাৱনাত্মক বিশেষত্ত্ব নিধাৰিত হয়।

গর্ভত চমৎকাৰিক বৃদ্ধিঃ

কিশোৰ-কিশোৰীয়ে নিজৰ সম্বন্ধী স্ত্রীৰ ডাঙৰ পেটক দেখিছে তথা সিহঁতৰ মনত আশ্চর্য্য আৰু কৌতুহল হব পাৰে।

গৰ্ভাশয়ত পোষিত হোৱা অণ্ডাণু যেতিয়া অণ্ডনলীকাৰ পৰা গৰ্ভাশয়ৰ যাত্ৰা আৰম্ভ কৰে, সেই সময়তে কোশিকা বিভাজিত হৈ বাঢ়িব ধৰে। সগৰ্ভিত অণ্ডাণু যি আৰম্ভনীত মাত্ৰ এক জীৱিত কোশ আছিল- গৰ্ভকালৰ 9 মাহ পিছত বাঢ়ি কম কোটি গুণ হৈ উঠে। প্ৰথমতে কোষৰ আকাৰ বেজিৰ সমান হয়, মানৱৰ প্ৰাৰম্ভিক আকাৰ ইমানে হয়, ইয়াৰ পিছত যেতিয়া বিভাজন হৈ তেতিয়া একৰ পৰা দুটা, দুটাক চাৰিটা...এই ধৰণে কোষ বিভাজিত হৈ বাঢ়ি যায়।

প্ৰায় 8 সপ্তাহত গৰ্ভ নিজৰ প্ৰাৰম্ভিক দীঘলতকৈ 175 গুণ বাঢ়ি যায়, কিন্তু তথাপিও তাৰ দীঘলতা মাত্ৰ এক ইঞ্চি হয় যত মানুহৰ গোটেই চিত্ৰ থাকে তথা ইয়াৰ বিভিন্ন অঙ্গৰ বুনিয়াদী ভাগ পৰিলক্ষিত হয়।

আহাৰ আৰু বিসৰ্জনঃ

গৰ্ভস্হ শিশু মাতাৰ গৰ্ভাশয়ত পানীৰ এটা বেগত বন্ধ থাকে। পানীৰ বেগৰ উপয়োগ এই হৈ যে মাকৰ পেটত যদি কোনো কষ্ট পাই তেতিয়া যাতে হানি নহয় তথা ই পানীৰ সহায় লয়। গৰ্ভস্হ শিশুৰ পেটৰ পৰা এক ৰচি বাঢ়ে, ইয়াক নাভীনল বুলি কোৱা হয়। এই নাভী কোনো বৃক্ষৰ দৰে হয়, যাৰ জড় গৰ্ভাশয়ত থাকে। এই জড়ৰ দ্বাৰা শিশুই ভোজন আৰু বায়ু পায়।

গৰ্ভাশয়ত মাতৃৰ ৰক্ত ভৰি থাকে আৰু নাভীনালৰ ৰচি তাত ডুব যোৱা থাকে। নাভীত তিনিডাল ৰচি থাকে। দুডাল শুদ্ধ ৰক্ত আৰু বায়ু পাবলৈ তথা এটা শিশুৰ মল-মূত্ৰ ঘুৰাই আনিবলৈ।

তিনি মাহত শিশুৰ যৌনাঙ্গ বনি যায় তথা হাত-ভৰিৰ নিৰ্মাণ হৈ উঠে, আঙুলিত নখৰ পৰিমান বাঢ়িব ধৰে। 1৬তম সপ্তাহত গৰ্ভ ৬ ইঞ্চি দীঘল হৈ উঠে আৰু 20তম সপ্তাহত ষ্টেটেচকোপেৰে তাৰ হৃদয় ধপ-ধপুৱা শুনিবলৈ পোৱা যায়।

2৬তম সপ্তাহত মষ্তিস্কৰ ৰেখা বনা আৰম্ভ হৈ যায়, চকু মেল খাব ধৰে, তথা মূৰৰ চুলি গজিব ধৰে। সাত মাহত গৰ্ভস্হ শিশু পুৰ্ণ বৃদ্ধি পাই তথা এই কালত যদি ইয়াৰ জন্ম হয়, তেতিয়া ই জীৱিত থাকে।

9 মাহ সমাপ্ত হোৱাৰ পিছত শিশুৰ দৈর্ঘ্যতা 28 ইঞ্চি আৰু গধুৰ কমেও 7 পাওণ্ড হয়। এতিয়া ই জন্ম লবলৈ সাজু হয়। এই সময়ত ই নিজৰ শৰীৰৰ আৱশ্যকতা নিজে পুৰ্ণ কৰাত সক্ষম হয় তথা মাকৰ শৰীৰৰ পৰা তাৰ লবলৈ একো নাথাকে।

প্রসৱৰ সময় ওচৰ অহাৰ লগে লগে মাকৰ কষ্ট আৰম্ভ হৈ যায় যি গৰ্ভাশয়ৰ মাংসপেশীৰ চলাচলত শিশুক তললৈ ঠেলি দিয়ে। যোনী নলীকা দীঘল হব ধৰে আৰু শিশু আগ বাঢ়িব ধৰে।

জন্মৰ সময়ত প্ৰথমে কেচুঁৱাৰ মূৰ বাহিৰলৈ আহে। কান্ধ কিছু ঘূৰি পেলাই বাহিৰ ওলাই তথা তেতিয়া বাকী শৰীৰ বাহিৰ ওলাই আহে। নাভী-নল কাটি বান্ধি দিয়া হয় আৰু তথা কেচুঁৱা মাকৰ পৰা স্বতন্ত্ৰ হৈ থাকিব পাৰে। জন্ম হৈয়ে প্ৰথম আৱশ্যকতা হল উশাঁহ লোৱা, সেয়ে ই জন্মতে চিয়ঁৰি-বাখৰি, কান্ধি পেলাই নিজৰ উশাঁহ প্ৰহ্বাস ক্ৰিয়া আৰম্ভ কৰে।

মাকৰ পেটত যি জৰায়ু বাকী থাকে, ই কমেও আধা ঘন্টাত বাহিৰ আহে, কাৰণ এতিয়া তাৰ কোনো উপয়োগ নাথাকে। ফাল খোৱা গৰ্ভশিয় প্ৰায় এক সপ্তাহত নিজৰ পুৰ্ব্বস্হাত আহি যায় তথা সময়ত মাহেকীয়া ধৰ্ম আৰম্ভ হৈ যায়।

গৰ্ভগৃহৰ ৰহস্য ঃ

মাকৰ পেটত শিশুৰ জীৱন কেনে ধৰণৰ হয় ? কিছু বছৰ আগলৈ এই বিষয়ত কেৱল অনুমানহে লগাব পাৰিছিলো, এতিয়া অণ্ট্ৰা চাউণ্ড, স্কেনিঙৰ প্ৰগতিয়েটো গৰ্ভগৃহৰ সকলো ৰহস্য খুলি দিলে। এতিয়া চিকিৎসকে টেলীবিজন পৰ্দাত গৰ্ভত পলি থকা শিশুৰ সকলো ক্ৰিয়াক স্পষ্টতাৰে দেখা পোৱা সমৰ্থ হৈছে। এই ছবিত গৰ্ভস্হ শিশুয়ে আঙুলি চুপা, কিবা ধৰাৰ প্ৰয়াস কৰা, চকু জোপোৱা আদি দেখা পায়। সংক্ষেপতে ইয়াৰ সকলো প্ৰচেস্টা এতিয়া গৰ্ভতে দেখা যায় যি জন্ম হোৱাৰ পিছত কৰা কৰে।

গৰ্ভস্হ শিশু ধ্বনিৰ সাগৰত নিবাস কৰি থাকে। অনুসন্ধানকাৰীসকলে যোনী মাৰ্গত এটা সৰু চাই মাইক্ৰস্কোপ গৰ্ভাশয়ত নি তাৰ মাত শুনাৰ প্ৰয়াস কৰে। হৃদয়ৰ কম্পন, ৰক্তপ্ৰবাহৰ ধ্বনি আৰু উশাঁহৰ মাতো ইয়াত তীব্ৰ ভাৱত শুনিবলৈ পোৱা যায়।

চিকিৎসক সকলে এক গৰ্ভৱতী স্ত্ৰীৰ আগত পক্ষিৰ মাতৰ পৰা লৈ বেগত পাৰ হৈ যোৱা ৰেলগাড়ীৰ মাতলৈকে টেপ শুনায়। তেওঁৰ গৰ্ভাশয়ত শুনোৱা সকলো শব্দই গ্ৰহণ কৰে। গৰ্ভত ধ্বনিৰ তীব্ৰতাই চিকিৎসকৰ বাবে চিন্তাৰ বিষয় হৈ পৰিছিল। কোনোৰ সৈতে তৰ্ক বিতৰ্ক গৰ্ভত কেনেকৈ শুনিবলৈ পোৱা যায়, এয়া জানিবলৈ টেপ বজোৱা হল আৰু পোৱা গল যে কম অসুবিধাজনক ৰূপত তীব্ৰ আছিল। কিছু গৰ্ভৱতী মহিলাক অত্যাধিক স্মলুণ্ঠুলিয়া স্হানত ৰাখিলে সম্ভাৱিত হানিকাৰক প্ৰভাৱক লৈও চিকিৎসক তথা অনুসন্ধানকাৰী চিন্তিত হয়।

এখন বিমান পৰিচাৰিকা বিমানৰ তীব্ৰ শব্দ শুনি নিজৰ কানক বন্ধ কৰি নিজৰ ৰক্ষা কৰিব পাৰে, কিন্তু গৰ্ভত থকা সন্তানৰ কাণকো সেই উগ্ৰ ধ্বনিৰ পৰা ৰক্ষা কৰিব পাৰিনে ?

গৰ্ভৰ অন্তিম কিছু সপ্তাহলৈ শিশুই নিজৰ সকলো ইন্দ্ৰিয় উপয়োগ কৰা স্হিতিত থাকে। গৰ্ভত দৃষ্টিৰ মহত্ব সম্ভৱত কম হয়, তথাপিও মাকৰ বস্ত্ৰ ৰহিত পেটত যদি তীব্ৰ পোহৰ মৰা যায় তেতিয়া চকু খোলা থাকিলে ভ্ৰূণে নিজৰ মুখ পোহৰৰ ফালে ঘূৰাই দিয়ে। ই এক অন্য পোহৰ হয়, ঠিক এনেকুৱা যেনে টৰ্চৰ পোহৰত হাত ৰাখি দিলে আপোনাৰ হাতৰ পৰা বাহিৰ হোৱা পোহৰৰ দৰে।

নৱজাত শিশুই কোনো অন্য মহিলাৰ তুলনাত নিজৰ মাকৰ মাত শুনি বেছি ভাল পায়। নিজৰ দেউতাকৰ মাত শুনাৰ শিশুৰ ৰুচি নাথাকে। গৰ্ভত থকা কালত দেউতাকৰ মাত মাজে-মাজে শুনে যদিও মাকৰ মাত সদায়ে শুনিবলৈ পোৱা গৈছিল। জন্মৰ দুই সপ্তাহৰ পৰা দেউতাকৰ মাতো চিনিব আৰম্ভ কৰে।

নৱজাত শিশুই নিজৰ আশে-পাশে কোৱা মাতবোৰো শুনে আৰু ই অভ্যস্ত হৈ পৰে।

মাকৰ মানসিক চাপ, ক্ৰোধ, আঘাত বা দুখে তেওঁৰ শিশুক হানি কৰিব পাৰেনে ?

নাই নকৰে, জীৱনৰ সামান্য চাপে সন্তানৰ তাত বেয়া প্ৰভাৱ নাৰাখে। এই ধৰণৰ উঠন-পতন লাভদায়কো হব পাৰে কাৰণ এই পৰিবৰ্তন গৰ্ভস্হ শিশুৰ অভিবৃদ্ধিত সহায়ক হব পাৰে।

হয়, ভয়ানক-অবিৰাম-চাপৰ কথা সুকিয়া হয়। এইটো স্পষ্টকৈ কব নোৱাৰি যে সমস্যা নিজে চাপৰ পৰা জন্ম হয় অথবা ইয়াৰ সৈতে জড়িত অসমাপ্ত খাদ্য, ধূমপান, মদিৰাপান তথা মাদক দ্ৰব্যৰ সেৱনৰ পৰা- যি দৃষ্টিৰে চালেও এই সকলোৱে শিশুৰ ওপৰত অসুবিধা দিয়ে।

কিছু লোকৰ এইটো ভাৱ আছে যে শিশুৰ বাবে প্ৰসৱ এক কষ্টদায়ক অনুভৱ হয়, কিন্তু বাস্তৱত এনে নহয়। অনুসন্ধানকাৰিৰ কোৱা আছে যে এই প্ৰক্ৰিয়া সচাঁ অৰ্থত মালিচৰ দৰে হয়।

প্ৰসৱকালৰ উচপিচনিৰ পিছত মাকে যেতিয়া শিশুক জন্ম দিয়ে তেতিয়া তেওঁ অশেষ শান্তি পায়। মৃত্যু আৰু জীৱনৰ বিষ তেওঁ নিমিষতে পাহৰে আৰু আনন্দৰে কৈ উঠে- 'অ মৰমৰ সোণ, এই পৃথিৱীত তোমাক স্বাগত কৰিছো।'

একেলগৰ সন্তান ঃ

যদি কেতিয়াবা অণ্ডনলীকাত এটাৰ বিপৰিতে দুটা অণ্ডাণু আহি যায়, সেই দুই শুক্ৰাণু দ্বাৰা সগৰ্ভিত হয় তথা এই প্ৰকাৰে দুটা সন্তানে গৰ্ভত পোষণ পায়। এই দুটাৰ লিঙ্গ ভিন্ন হব পাৰে তথা আৱশ্যক নহয় যে দেখাতো একে হয়।

জমজ সন্তান ঃ

জমজ সন্তান তেতিয়া হয় যেতিয়া সগৰ্ভিত অণ্ডাণু দুটা ভাগত ভাগ হৈ যায়। এনে সন্তান দেখাতো একে হয় আৰু লিঙ্গও এটাই হয়। জন্মৰ সময়ত সন্তান এটাৰ সৈতে লাগি থাকে আৰু অপাৰেচন দ্বাৰা ইয়াক দুটা কৰা হয়।

গৰ্ভ নিৰোধক ঃ

বাঢ়ি যোৱা জনসংখ্যাই দেশত জনসংখ্যা-বিস্ফোতৰ ৰূপ. লৈছে। খোৱাৰ বাবে শুদ্ধ পানী, শুদ্ধ বায়ু আৰু খাদ্য বস্তু কম হব ধৰিছে। এই তথ্যৰ আত ধৰিয়ে মানুহক চৰকাৰে পৰিবাৰ নিয়োজনৰ প্ৰতি প্ৰেৰিত কৰা আৰম্ভ কৰিছে। মানুহে গৰ্ভ নিৰোধকৰ বিভিন্ন উপায় আপোনাব ধৰিছে কিন্তু তথাপিও এই সংখ্যা পৰ্যাপ্ত নহয়। ইয়াত আমি প্ৰমুখ গৰ্ভ-নিৰোধকৰ জ্ঞান দিব লৈছো।

1. কণ্ডোম ঃ

ই গৰ্ভ-নিৰোধকৰ সহজ উপায় হয়। পাতল ৰবৰৰে নিৰ্মিত কণ্ডোমৰ আকাৰ বেলুনৰ দৰে হয়। পুৰুষে ইয়াত নিজৰ লিঙ্গটো সুমুৱাই দিয়ে। ইয়াৰ পৰা সম্ভোগত হোৱা বীৰ্যপাত ইয়াৰ ভিতৰতে থাকে আৰু বীৰ্য যোনীলৈ নাযায়। ইয়াৰ দ্বাৰা গৰ্ভ হোৱাৰ আশংকা নাথাকে। কণ্ডোমৰ দ্বাৰা চেকস সম্বন্ধীয় ৰোগীৰ পৰাও বচাঁ যায়। মন কৰিব যে মৈথুন ক্ৰিয়াৰ সময়ত সদায়ে নতুন কণ্ডোম ব্যৱহাৰ কৰে।

2. নসবন্ধী ঃ

নসবন্ধী স্ত্ৰী আৰু পুৰুষে সমান ৰূপত কৰাব পাৰে। স্ত্ৰীৰ নসবন্ধীত তেওঁৰ ডিম্ব নলীকাক কোলেপ্ৰোস্কোপী অপাৰেচনৰ সহায়ত বন্ধ কৰি দিয়া হয়, যত পুৰুষৰ শুক্ৰাণু স্ত্ৰীৰ ডিম্বৰ সৈতে লগ হয়। এই অপাৰেচনত 10-12 মিনিট লাগে। ই বিষমুক্ত হয়। অপাৰেচনৰ এক দিন পিছত স্ত্ৰীয়ে নিয়মিত ক্ৰিয়া কালাপ কৰিব পাৰে।

পুৰুষ নসবন্ধীত শুক্ৰ নলীকাক অপাৰেচনৰ দ্বাৰা বন্ধ কৰি দিয়া হয় আৰু এই শুক্ৰাণু গৰ্ভাশয়লৈ গৈ নাপায়। এই অপাৰেচনতো 10-12 মিনিট লাগে। ইয়াৰ পৰা পুৰুষৰ সম্ভোগ-শক্তিত কোনো প্ৰভাৱ নপৰে। ই পূৰ্বৰ দৰে নিয়মিত ভাৱে কাৰ্য কলাপো সম্পাদিত কৰিব পাৰে।

3. কাপৰ-টি ঃ

কাপৰ-টি কোনো কুশল চিকিৎসকৰ দ্বাৰা লগাব লাগে। ইয়াক যোনী মাৰ্গৰ পৰা গৰ্ভাশয়ত দিয়া হয়। ইয়াৰ দ্বাৰা গৰ্ভাশয়ত অণ্ডাণু ৰখাৰ প্ৰক্ৰিয়া ৰৈ যায়। পুৰুষে ইয়াৰ পৰা সম্ভোগ ক্ৰিয়াত কোনো ধৰণৰ অসুবিধা নাপায়। কাপৰ-টিত স্ত্ৰী সকলোৰে প্ৰথম অৱস্থাত কিছু অসুবিধা পাব পাৰে, যেনে ভয় খোৱা, মূৰৰ বিষ, চিন্তা আদি কিন্তু কিছু দিনতে সকলো সামান্য হৈ যায়। যদি অসুবিধা বেছি অধিক হৈ যদি ডাক্তৰৰ পৰামৰ্শ অৱশ্যে লব লাগে।

4. খাবলৈ পোৱা টেবলেট ঃ

'মালা-ডি' বা 'মালা এন' নামৰ টেবলেট নিয়মিত চিকিৎসকৰ পৰামৰ্শৰে ললে গৰ্ভধাৰণৰ ভয় নাথাকে। ইয়াৰ উপৰিও বজাৰত অন্য গৰ্ভ নিৰোধক টেবলেট পোৱা যায়, কিন্তু ডাক্তৰৰ পৰামৰ্শ নোলোৱাকে লব নালাগে। এই টেবলেটৰ সেৱনত প্ৰথমতে মূৰৰ বিষ, গাৰ বিষ আদি হব পাৰে, পিচলৈ সকলো সামান্য হৈ যায়। যদি সুস্থ নহয় তেন্তে ডাক্তৰৰ সহায় লব লাগে।

ইয়াৰ উপৰিও গৰ্ভ নিৰোধকৰ অনেক উপাই প্ৰচলিত আছে। অনেক এনে ক্ৰীম আহে যাৰ লেপ ললে সম্ভোগৰ সময়ত গৰ্ভ ধাৰণ নহয়। কিছু ইঞ্চেকচনো গৰ্ভ নিৰোধ কৰাত উপয়োগী হয়। ইয়াৰ বাবে চিকিৎসকৰ পৰামৰ্শ লোৱা অত্যন্ত আৱশ্যক হয়।

●●●

গুণসুত্র আৰু জীন্স

পুৰুষ জনকোশিকাক ডিম্বাণু আৰু স্ত্রী জনন কোশিকাক অণ্ডাণু কোৱা হয়। তাত এটা এটা কেন্দ্রক থাকে। এই কেন্দ্রত ক্রোমোজস্চ বা গুণসুত্র থাকে যি সৰু সৰু কাঁইট থকা সৰিয়হৰ সমান হয়। প্রত্যেক জীনৰ কোশিকাত গুণসুত্রৰ এক নিশ্চিত সংখ্যা থাকে। মানৱ কোশিকাত 46 টা গুণসুত্র থাকে। এই গুণসুত্র যোৰ হিচাবে থাকে। অর্থাত 23 গুণসুত্র স্ত্রীৰ অণ্ডাণুৰ পৰা আৰু 23 টা পুৰুষৰ শুক্রাণুৰ পৰা- এই প্রকাৰে যেতিয়া অণ্ডাণু আৰু শুক্রাণুৰ কেন্দ্র নিজৰ মাজতে লগ হয় তেতিয়া দুয়োটা মিলাই 46 টা গুণসুত্র হৈ যায় আৰু কোশিকা পুর্ণ হৈ উঠে। এই প্রকাৰে সগর্ভিত অণ্ডাণুত মাক-দেউতাকৰ মানসিক তথা শাৰীৰিক গুণ আহি যায়।

যৌন নির্ধাৰণ ঃ

গুণসুত্রৰ এই 23 টা যোৰৰ 22 টা যোৰ স্ত্রী তথা পুৰুষৰ সমানে হয়। 23 তম যোৰৰ দুয়োটা গুণসুত্র স্ত্রীৰ তাত একে ধৰণৰ হয় কিন্তু পুৰুষৰ ক্ষেত্রত অসমান হয়- ইহঁতৰ তাত এটা গুণসুত্র দীঘল তথা স্ত্রীৰ সমানে হয় কিন্তু অন্য ভাগ গুণসুত্র সৰু হয়। এই 23 তম যোৰক স্ত্রীৰ তাত C ডবল এক্স XX আৰু পুৰুষৰ তাত এক্স ৱাই XY ৰ সৈতে চিহ্নিত কৰা হয়।

লৰা বা ছোৱালী হোৱা ৰহস্য এই গুণসুত্রতে নিহিত হয়। X গুণসুত্রই ছোৱালী জন্ম দিয়ে আৰু Y গুণসুত্রই লৰা। পুৰুষৰ তাত X আৰু Y দুয়োটা গুণসুত্র থাকে, কিন্তু স্ত্রীৰ খালী X গুণসুত্র। এই ধৰণে যদি স্ত্রী-পুৰুষৰ X গুণসুত্র লগ লাগে তেতিয়া ছোৱালী হব, যদি X আৰু Y ৰ সংযোগ হয় তেতিয়া লৰা হয়।

আপুনি পঢ়িছে যে গুণসুত্র কাঁইটিয়া সৰিয়হৰ সমনি হয়। যদি সৰিয়হক আমি গুণসুত্র মানি লও তেন্তে তাৰ কাঁইটক জীন বুলি কম। বাস্তৱতে, গুণসুত্র জীন নামৰ কোনো সুক্ষ্ম পিণ্ডৰে সঁজা

হয়। মাক-দেউতাক বা কোনো অন্য সম্বন্ধীয়ৰ তাত কিমান প্ৰভাৱ পৰে, ইয়াৰ নির্ধাৰণ জীনে কৰে। প্ৰত্যেক যোৰ গুণসুত্ৰত এটা জীন বেছি শক্ৰিয় হয়, যাক প্ৰভাৱী জীন বোলা হয়- আৰু বেলেগটো সোমাই থাকে যাক অপ্ৰভাৱী কোৱা হয়। গুণসুত্ৰৰ যোৰ এটা দেউতাকৰ পৰা আৰু এটা মাকৰ পৰা দিয়া হয়। এই প্ৰকাৰে দুয়োটা জীন হয়টো প্ৰভাৱী হব পাৰে বা অপ্ৰভাৱী অথবা এটা অপ্ৰভাৱী হব পাৰে আৰু আনটো প্ৰভাৱী।

জীসক আমি ৰাসায়নিক তত্ব অথবা ৰঙৰ পুড়িয়াৰ সজ্ঞা দিব পাৰো। প্ৰত্যেক লক্ষণ আৰু চিহ্নৰ কাৰণে বেলেগ জীন থাকে। যেনে নাক ৰূপত জীন, চুলি বা গাৰ বৰণৰ জীন, চকুৰ ৰংৰ জীন ইত্যাদি।

এই জীন অণ্ডাণু অথবা শুক্ৰাণুত নবনে, বৰং আমি নিজৰ মা-দেউতাৰ দৰে হওঁ আৰু তেওঁলোকৰ দৰে নিজৰ সন্তানক দি দিয়ে।

মাক-দেউতাকৰ লক্ষণ সন্তানৰ জীন কেনে ধৰণে আহে, আহকচোন চাওঁ। যদি মাক-দেউতাকৰ গাৰ বৰণ কলা হয়, তেন্তে সন্তানৰ ৰঙো কলা হয়। যদি কলা ৰঙৰ জীন প্ৰভাৱী হয় আৰু বগা ৰং অপ্ৰভাৱী, তেতিয়াও গাৰ বৰণ কলায়ে হব কাৰণ প্ৰভাৱী জীনে অপ্ৰভাৱী জীনক নিষ্ক্ৰিয় কৰে, কিন্তু যদি কলা ৰঙৰ বাবে দুয়োটা জীন অপ্ৰভাৱী হয় তেতিয়া ৰং কলা নহব। এই ধৰণে যদি বগা ৰঙৰ জীন প্ৰভাৱী হয় আৰু কলা অপ্ৰভাৱী হয় তেন্তে গাৰ বৰণ বগাই হব।

অপ্ৰভাৱী জীন নিষ্ক্ৰিয় নহয়, মাত্ৰ লুকাই থাকে। আমাৰ শৰীৰৰ অপ্ৰভাৱী জীন আমাৰ সন্তানৰ বাবে প্ৰভাৱী সিদ্ধ হব পাৰে।

গাৰ বৰণৰ দৰে জীনৰ এই নিয়মে হাত, ভৰি, নাক, চকু, চুলি আদিৰ বাবে একে হয়। কেতিয়াবা সন্তানে নিজৰ মা-দেউতাকৰ লগত নিমিলি ককা-আইতাকৰ লগত মিল থাকে। ইয়াৰ কাৰণ এয়ে যে মাক-দেউতাকে জীন নিজৰ পূৰ্বজৰ পৰা লৈছিল। এই প্ৰকাৰে কোনো সন্তানৰ জীন কিমান দূৰৰ পৰা আহে ইয়াৰ বিষয়ে নিশ্চিত ৰূপত একো কব নোৱাৰি। এটা বালকৰ গাত তাৰ কোনো পূৰ্বজৰ লক্ষণ আহিব পাৰে। তাৰ নাক দেউতাকৰ দৰে, চকু ককাকৰ দৰে আৰু ৰং মাকৰ পিতৃৰ দৰে হব পাৰে।

এই প্ৰক্ৰাৰে মানসিক বা ভাৱনাত্মক দৃষ্টিকোণ তথা অন্য ৰূপ উত্তৰাধিকাৰত পাব পাৰে।

পুৰুষ আৰু তেওঁৰ জনন অঙ্গ

এইটো সৰ্ববিদিত তথ্য হয় যে নাৰীৰ জননেদ্ৰিয় শৰীৰৰ ভিতৰত হয়, ইয়াৰ বিপৰিতে পুৰুষৰ জননেদ্ৰিয় শৰীৰৰ বাহিৰত স্হিত। যদিও স্ত্ৰী আৰু পুৰুষ দুয়োটাৰে কিছু অঙ্গ এনে হয় যি শৰীৰৰ বাহিৰৰ ভাগেদিও সম্বন্ধ ৰাখে আৰু কিছু ভিতৰি ভাগেদিও। এই সকলো অঙ্গৰে স্ত্ৰী আৰু পুৰুষৰ সঠিক প্ৰকাৰে জ্ঞান থাকিব লাগে।

পুৰুষৰ মুখ্য জনন অঙ্গক নিম্ন শীৰ্ষকৰ মাধ্যমৰে বুজোৱাত সহজ হব-

লিঙ্গ, শিশন বা মেদ্ৰ ঃ

লিঙ্গ পুৰুষৰ সৰ্বাধিক মহত্বপুৰ্ণ অঙ্গ হয়। চেক্সৰ সম্বন্ধতটো ইয়াক একমাত্ৰ অঙ্গ মানিব লাগিব। পুৰুষৰ লিঙ্গ বা শিশন তেওঁৰ দুখন ফেৰাৰ মাজৰ স্হানত স্হিত থাকে। ইয়াৰ দীঘলত্ব উত্থিত অৱস্হাত ৬ ইঞ্চিলৈ হব পাৰে। দেশ, খাদ্য প্ৰণালি, শাৰীৰিক গঠন অনুসৰি ই সৰু ডাঙৰ হব পাৰে।

সাধাৰণতে লিঙ্গ ওলুমি আৰু সৰু হৈ থাকে কিন্তু কামোত্তেজনাৰ সময়ত ই বাঢ়ি কমেও 2-3 গুণ আকাৰ গ্ৰহণ কৰে। সেই সময়ত ই টানো হব পাৰে, যাক উত্থিত অৱস্হা বুলি কোৱা হয়। বীৰ্যপাত নকৰাকে যিমান অধিক সময়লৈ পুৰুষে লিঙ্গ স্ত্ৰীৰ যোনীৰ ভিতৰত ৰাখিব, সিমান সময়ে স্ত্ৰী-পুৰুষৰ বাবে আনন্দৰ কাৰণ হব। সেয়ে যদি পুৰুষে আনন্দ উপভোগ কৰিব লাগে আৰু লগতে পত্নিকো কৰাব লাগে তেন্তে তেওঁ কেতিয়াও শীঘ্ৰে বীৰ্যপতনৰ ৰোগী নবনে, অন্যথা তেওঁলোকৰ আনন্দত কমি আহিব পাৰে।

পুৰুষৰ লিঙ্গৰ ভিতৰত এক নলীকা থাকে যি মুত্ৰাশয়ৰ সৈতে জড়িত হয়। তাৰ দ্বাৰায়ে লিঙ্গৰ সহায়ত মুত্ৰ ত্যাগ কৰে।

লিঙ্গৰ চাল কমতে পাতল আৰু কোমল হয়। লিঙ্গ-মুণ্ডৰ ওপৰৰ পাতল চাল মৈথুনৰ সময়ত ওপৰৰ ফালে গুচি যায় আৰু মৈথুনৰ পিছত ই যথাস্হানত আহি যায়। শিশনৰ আগভাগত যদি মলি হৈ তেন্তে ইয়াৰ বাবে চাল বেয়া হৈ যায়। সেই অৱস্হাত যেতিয়া মুত্ৰ ত্যাগ কৰিব লগা হয় তেতিয়া কষ্ট পোৱা যায়। এই পৰিস্হিতি মৈথুন কৰাৰ সময়তো হয়। সৰু লৰা-ছোৱালীয়ে যদি পেচাব কৰা সময়ত বিষ বা জলন অনুভৱ কৰে আৰু চিত্ৰতৰ-বাখৰ কৰে তেতিয়া মা-দেউতাকে সোনকালে ডাক্তৰক দেখুৱা ভাল। এনে অৱস্হাত কেতিয়াবা চিকিৎসকে সেই চাল খিনি কাটি পেলোৱাৰ পৰামৰ্শ দিয়ে। এই প্ৰকাৰে চাল কাটি পেলালে সদায়ৰ বাবে কষ্ট মুক্ত হোৱা যায়।

ভাল শিশন তাকে মানা হয় যি চিধা আৰু ওপৰৰ ফালে উঠা হয়। ই অধিক দীঘল নহয় বা অধিক সৰু, অধিক পাতল নহয় বা অধিক শকত। শিশন কঠোৰ হব লাগে, তথা সুগঢ়িয়ো। ইয়াৰ আগৰ ভাগ জুঙা আৰু পিছৰ ভাগ শকত হব লাগে।

থিয় হলে লিঙ্গ যদি বেঁকা দেখা হয় তেতিয়া এই বিষয়ত চিন্তাৰ কোনো কথা নাথাকে। এই ধাৰণা ভূল হৈ যে লিঙ্গ সম্পুৰ্ণ চিধা হয়। কিছু অসত ডাক্তৰে নিজৰ ঔষধ বিক্ৰিৰ বাবে এই প্ৰকাৰৰ ভ্ৰান্তি উৎপন্ন কৰি দিয়ে যে লিঙ্গ সদায় চিধা থাকিব লাগে আৰু যদি বেঁকা হয় তেন্তে ই সৰুৰ বেয়া কাৰ্য বা কুসংগতিৰ পৰিণাম ভাবিব লাগে। এই ধাৰণা নিতান্ত ভূল আৰু নিৰাধাৰ হয়, সেয়ে এনে ধৰণৰ চিকিৎসকৰ পৰা সাৱধান থাকিব লাগে।

বীৰ্য-স্খলন ঃ

সম্ভোগ, মৈথুন বা ৰতিক্ৰিয়াৰ কালত বীৰ্য যি সময়ত স্খলীত হয়, ই যৌন-ক্ৰিয়াৰ চৰমোত্কৰ্ষ হয়। ইয়াৰ পিছত এই ক্ৰিয়া সমাপ্ত হৈ যায়। যৌন উদ্ৰেক যেতিয়া নিজৰ চৰম সীমাত পায়, সেই সময়ত মুত্ৰাশয় আৰু শুক্ৰাগৰৰ অনৈছিক মাংসপেশী একেলগে পাক খাই যায়। ইয়াৰ পৰিণামস্বৰূপ শুক্ৰাণু অতি বেগেৰে কিন্তু মহীন ধাৰাৰ ৰূপত ওলাই প্ৰোষ্টেত স্হিত মুত্ৰ মাৰ্গৰ প্ৰথম দুৱাৰৰ সৈতে খুণ্ডা খায়। এই সময়ত প্ৰোষ্টেত গ্ৰন্থিৰ অনৈছিক মাংসতন্তুৰোটো বিস্ফোট হয়, যাৰ দ্বাৰা ইয়াৰ সকলো নাড়ীৰ পৰা

প্ৰোষ্টেত নিৰ্মিত পানীয় পদাৰ্থ ওলাই আহে। তীব্ৰ বেগেৰে ওলোৱা এই দুই প্ৰকাৰৰ পদাৰ্থই আগৰ দুৱাৰৰ সৈতে খুণ্ডা মাৰি বাৰে-বাৰে প্ৰত্যাবৰ্তিত হৈ ওলাই- ইয়াৰ পৰিণামস্বৰূপ শিশন তথা তাৰ ওচৰৰ মাংসতত্ত্ব পুৰ্ণ ক্ৰিয়াশীলতাৰ সৈতে সংকুসিত হব ধৰে আৰু তৎক্ষণাত বীৰ্য বৈ আহি মুত্ৰ বহিদ্বাৰেদি বাহিৰ ওলাই। এক বাৰ স্খলনত কমেও একৰ পৰা ডেৰ চামুচ বীৰ্য বাহিৰ হয় আৰু ইয়াত লক্ষ্য-কোটি শুক্ৰাণু থাকে।

অণ্ডাকোষ বা বৃষণকোষ ঃ

অণ্ডকোষ এটা বেগৰ ৰূপত লিঙ্গৰ শেষৰ ভাগত অৰ্থাত শিশনৰ মুলত ওলমি থাকে। অণ্ডকোষৰ আকাৰ পক্ষীৰ কণীৰ সমান হয়। ই সংখ্যাত দুটা হয়, সেয়েহে যি বেগত ই থাকে তাক অণ্ডকোষ বুলি কোৱা হয়।

এই অণ্ডকোষত শুক্ৰাণুৰ নিৰ্মাণ হয়। স্ত্ৰীৰ ৰজস্বলা হোৱাৰ পিছত নিৰ্ধাৰিত সময়লৈ যেতিয়া পুৰুষে নাৰীৰ সৈতে সম্ভোগ কৰে অৰ্থাত নিজৰ শিশনক যোনীত প্ৰৱেশ কৰাই, সেই সময়ত তেওঁৰ লিঙ্গৰ পৰা ওলোৱা বীৰ্য বা শুক্ৰ স্ত্ৰীৰ গৰ্ভত ডিম্ব অথবা অণ্ডাণুৰ সৈতে সম্পৰ্ক স্হাপিত কৰে, ইয়াৰ কাৰণেহে স্ত্ৰী গৰ্ভৱতী হয়।

এই অণ্ডকোষত পুৰুষৰ যোনীগ্ৰন্থি ৰস উৎপন্ন হয় আৰু এই ৰস যেতিয়া শুক্ৰাণুৰ সৈতে লগ লাগে তেতিয়া ই বীৰ্যৰ ৰূপ ধাৰণ কৰে। এজন পুৰুষৰ যিমান বীৰ্য হয়, সিমানে তাত বেছি শক্তি হয়।

অণ্ডকোষৰ বেগখন সৰু হবও পাৰে বা বাঢ়ি যাবও পাৰে। ই ৰসিলা হয়। ঋতুয়ে ইয়াৰ তাত প্ৰভাৱ পেলায়, তাণ্ডাৰ সময়ত ই সৰু হৈ যায় আৰু গৰম দিনত বাঢ়ি যায় তথা ওলমি থাকে।

অণ্ডকোষৰ এই অণ্ড-গ্ৰন্থি অণ্ডধাৰক ৰজ্জু (স্পমেটিক কোৰ্ড) দ্বাৰা ওলমি থাকে। এই অণ্ড-গ্ৰন্থিকে শুক্ৰ গ্ৰন্থি কোৱা হয়। প্ৰত্যেক অণ্ডগ্ৰন্থিৰ পৰা কমেও হাজাৰ পাতল আৰু বেঁকা-টেৰা নলী থাকে। বাস্তৱত এই অণ্ডগ্ৰন্থি এনে নলীৰে ভিতৰত থাকে। প্ৰত্যেক অণ্ডগ্ৰন্থিৰ দীঘলত্ব কমেও ডেৰ ইঞ্চি তথা বহল এক ইঞ্চিতকৈ কিছু কম হয়।

শুক্ৰাশয় ঃ

এই অঙ্গ মুত্ৰাশয় আৰু মলাশয়ৰ মাজত বেগৰ ৰূপত হয়। ইয়াৰ দীঘলত্ব কমেও ৬ চেণ্টিমিটাৰ হয়। ইয়াৰ তলৰ ভাগ পাতল হৈ আৰু উপৰৰ ভাগ শকত হয়।

ইয়াৰ তলৰ ভাগৰ পৰা এক নলীকা ওলাই, যাক শুক্ৰনলীকা কোৱা হয়। ই শুক্ৰপ্ৰণালীৰ সৈতে মিলি শুক্ৰ-স্ৰাবিণী বা স্খলনীয়ৰ নিৰ্মাণ কৰে। শুক্ৰশয়ৰ উপৰি ভাগ পৰস্পৰতকৈ অলপ ডাঙৰ আৰু তলৰ ভাগ অণ্ডিলা গ্ৰন্থিৰ নিকট এটা আনটোৰ ওচৰত থাকে।

শুক্ৰশয়ৰ ভিতৰৰ ফালে শুক্ৰ প্ৰণালীৰ ভাগ উখ হয়। শুক্ৰ স্ৰবিণীয় প্ৰোষ্টেতৰ পৰা হৈ মুত্ৰ মাৰ্গত স্হিত প্ৰোষ্টেতৰ মধ্য ভাগত খুল খায়। মুত্ৰ মাৰ্গ সেই নলীক কোৱা হয় যি মুত্ৰাশয়ত প্ৰাৰম্ভ হৈ শিশন মুণ্ডত ওলাই যায়।

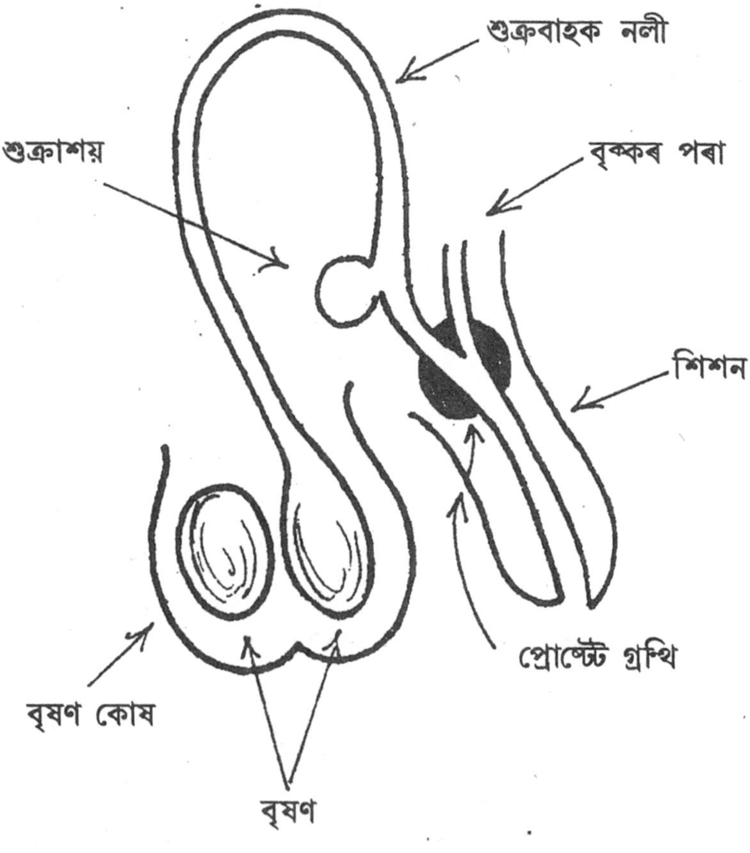

মুত্ৰ মাৰ্গৰ দুটা কাৰ্য আছে- 1. মুত্ৰাশয়ৰ পৰা সঞ্চিত হোৱা মুত্ৰক বাহিৰ ওলোৱাৰ বাবে। 2. শুক্ৰশয়ত বিদ্যমান শুক্ৰক মৈথুন-কালত উত্তেজিত কৰা।

শুক্ৰবাহক নলী তথা উপাণ্ড ঃ

উপাণ্ড (epididymis)ৰ নিৰ্মাণ অনেক ভিন্ন প্ৰণালী আৰু ৰক্ত বাহিনীৰ দ্বাৰা হয়। কামোত্তেজনা হোৱাৰ সময়ত শুক্ৰাণু অণ্ডকোষৰ পৰা ওলাই উপাণ্ডলৈ যায় আৰু এক প্ৰণালীত একত্ৰিত হৈ যায়, ইয়াক শুক্ৰবাহক নলী বুলি কোৱা হয়।

শুক্ৰবাহক নলী কেতিয়াবা সৰু, কেতিয়াবা ডাঙৰ হোৱাৰ সামৰ্থ্য ৰাখে। ই পৌৰুষ গ্ৰন্থিৰ পৰা হৈ মুত্ৰ-নলীকাৰ মাজৰ গ্ৰন্থিৰ উভাৰলৈ যায়।

পুৰুষ যেতিয়া কামোত্তেজিত হৈ তেতিয়া শুক্ৰাণু অণ্ডকোষৰ পৰা ওলাই শুক্ৰ নলীকাত একত্ৰিত হয়। ই তাৰ পৰায়ে শুক্ৰাশয়ত আহে। শুক্ৰাণু অণ্ডকোষত উৎপন্ন হৈ আৰু বীৰ্যৰ উৎপত্তি বা ৰচনা শুক্ৰাশয়ত আহে। শুক্ৰাশয়ত যেতিয়া শুক্ৰাণু বীৰ্যৰ সৈতে মিলি যায় তেতিয়া সম্ভোগ ক্ৰিয়াৰ সময়ত সেই স্হানৰ পৰা স্খলিত হয় আৰু মুত্ৰ নলীকাৰ জৰিয়তে বাহিৰলৈ আহে.।

এই শুক্ৰাণুয়ে স্ত্ৰীৰ গৰ্ভৰ 'ডিম্ব গ্ৰন্থি'ত সোমাই গৰ্ভধাৰণ কৰা স্হিতি জন্ম কৰে। এই প্ৰকাৰে নতুন শিশুৰ নিৰ্মাণৰ ৰচনা প্ৰক্ৰিয়া আৰম্ভ হৈ যায়।

শুক্ৰবাহক নলী প্ৰায় ৬0 চেমি. দীঘল হয়।

স্খলনীয় অথবা শুক্ৰস্ৰবিণী ঃ

শুক্ৰাণু বা শুক্ৰ যেতিয়া শুক্ৰাশয়ৰ পৰা ওলাই, তেতিয়া স্খলনীয় প্ৰণালী (এজেক্যুটৰি ডক্ট)ৰ দ্বাৰা মুত্ৰ মাৰ্গলৈ গৈ পায়। ইয়াৰ দীঘলত্ব কমেও 2 চেমি. হয়। শুক্ৰাশয়ৰ তলৰ ভাগৰ পৰা ওলোৱা এক নলী শুক্ৰ-প্ৰণালীৰ সৈতে মিলি এই স্খলনীয় প্ৰণালী বা শুক্ৰ স্ৰবিণী প্ৰণালীৰ নিৰ্মাণ কৰে।

অষ্ঠীলা গ্ৰন্থি ঃ

অষ্ঠীলা গ্ৰন্থি বা প্ৰোষ্টেট গ্লেণ্ডৰ স্হান মুত্ৰাশয়-গ্ৰীবাৰ তলত হয়

যত ই মুত্র-প্ৰণালীক সকলো ফালৰ পৰা ঘেৰি ধৰে। এই গ্ৰন্থি প্ৰজনন ক্ৰিয়াৰ সৈতে বিশেষ ৰূপত সম্বন্ধ ৰাখে আৰু যদি কোনো কাৰণ অনুযায়ী অণ্ডকোষক ওলাই দিব লগাত পৰে তেতিয়া এই গ্ৰন্থিটো নষ্ট হৈ যাব। এই গ্ৰন্থিৰ কিছু ভাগ মাংস-পেশীৰ পৰা আৰু কিছু গ্ৰন্থিৰ দ্বাৰা নিৰ্মিত আছে।

কামোত্তেজনাৰ সময়ত এই গ্ৰন্থিৰ প্ৰণালী এক বিশেষ প্ৰকাৰৰ দ্ৰব্যৰে ভৰি যায়। এই শ্ৰৱে মুত্ৰ-প্ৰণালীত গৈ পায় শুক্ৰৰ সৈতে লগ হয়, কিন্তু এই গ্ৰন্থিৰ শ্ৰৱকে শুক্ৰ বুলি ভাবি লব নালাগে।

শিশনমূল বা কাউপৰ গ্ৰন্থিঃ

শিশনমূল গ্ৰন্থিক কাউপৰ গ্ৰন্থি বুলিও কোৱা হয়। এই দুই গ্ৰন্থি মটৰৰ আকাৰৰ, হালধীয়া ৰঙৰ হয়। এই গ্ৰন্থি মুত্ৰমাৰ্গৰ দুয়োকাষে শিশনমূলৰ অত্যন্ত নিকট স্হিত থাকে। এই দুয়োটাৰ পৰা কমেও আঢ়ৈ চেমি. আকাৰৰ দুটা নলীকা ওলাই শিশনত স্হিত মুত্ৰমাৰ্গত গৈ খুল খায়।

লিঙ্গ যেতিয়া উত্তেজনাত উঠি যায়, তেতিয়া এই গ্ৰন্থিৰ পৰা 8-10 টোপাল, শ্বেত, পাতল দ্ৰব্য ওলাই মুত্ৰ প্ৰণালীত প্ৰবিষ্ট হৈ যায়। এই দ্ৰব্য মুত্ৰ-মাৰ্গত উৎপন্ন মুত্ৰ-অম্লতাক নষ্ট কৰি মুত্ৰ মাৰ্গক ক্ষৰিয় কৰি দিয়ে যাৰ পৰা তাত শুক্ৰ পেলুৰ সংৰক্ষণ হব পাৰে, কাৰণ মৈথুনৰ পিছত ওলোৱা বীৰ্যত উপস্হিত শুক্ৰাণু লিঙ্গত থকা মুত্ৰ-অম্লৰ প্ৰভাৱত নষ্ট হব ধৰে।

কামোত্তেজনা প্ৰবল হলে শিশনৰ উথিত অৱস্হাত এই দ্ৰব্য ওলাই মুত্ৰ-প্ৰণালীৰ দ্বাৰা শিশন মুণ্ডলৈ যায় আৰু তাক পিচল কৰি তোলে। এই ধৰণে নাৰীৰ কামঅঙ্গৰ পৰাও এক বিশেষ প্ৰকাৰৰ শ্ৰৱ ওলাই যোনীক পিচল আৰু কোমল কৰি দিয়ে।

শুক্ৰাণু ঃ

শুক্ৰাণু ইমান সুক্ষ্ম হৈ যে খালি সুক্ষ্মদৰ্শি যন্ত্ৰৰ সহায়তহে ইয়াক চাব পাৰি। প্ৰত্যেক শুক্ৰাণুত এটা গোলাকাৰ মূৰ আৰু দীঘল নেজ থাকে। নিজৰ নেজৰ সহায়ত ই বীৰ্য ৰূপি শ্ৰৱত সাঁতুৰে আৰু গতিময় হৈ থাকে। সুক্ষ্মদৰ্শি যন্ত্ৰৰে চালে এক টোপাল বীৰ্যত অসংখ্য শুক্ৰাণু গতিবিধি কৰা ধৰিব পাৰি।

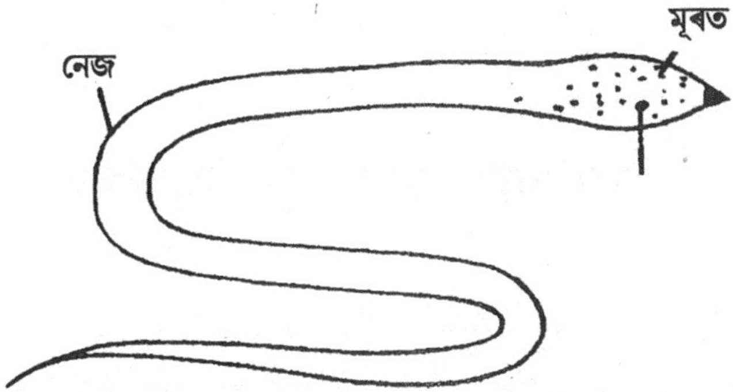

শুক্রাণুৰ সুক্ষ্ম আকাৰৰ ভাব এই কথাতে লগাব পাৰি যে তাৰ মূৰৰ ব্যাস এক ইঞ্চিৰ ৬ হাজাৰতম ভাগ হয়। শুক্রাণুৰ মূৰত এক কেন্দ্রক থাকে। মূৰৰ পিছত এক সৰু চাই ডিঙি আছে, যাৰ পৰা গা টো লগ হৈ আছে। ইয়াৰ পিছত শুক্রাণুৰ নেজ আহে, যি মূৰতকৈ 10-12 গুণ দীঘল হয়। শুক্রাণুৰ গতি 8 মিনিট প্ৰতি ইঞ্চি হয়।

●●●

কিশোৰ সকলৰ সমস্যা

কিশোৰ অৱস্থাৰ অৰ্থ হল- দেখা হোৱাৰ পথত প্ৰথম খোজ। এই সময়ত শৰীৰৰ অন্তঃশ্ৰৱী গ্ৰন্থিয়ে কাম কৰা আৰম্ভ কৰি দিয়ে অৰ্থাত শৰীৰত হৰমোন বনা আৰম্ভ হৈ যায়, যাৰ পৰিণামস্বৰূপ শৰীৰ বাঢ়িব ধৰে, অঙ্গ-প্ৰতঙ্গ হব ধৰে, মাত ডাঠ হয়, ডাড়ি গজিব ধৰে, গুপ্তাঙ্গত চুলি আহিব ধৰে তথা লিঙ্গৰ আকাৰ বাঢ়িব ধৰে। এই পৰিবৰ্তন শৰীৰৰ গোনাড্‌চ নামৰ হৰমোনৰ কাৰণে হয়।

এই সময়ত শৰীৰত নতুন শক্তিৰ সঞ্চাৰ হয়, ধৰা কোনো নতুন ৰশ্মি উৎপন্ন হয় আৰু ইয়ে যৌৱনৰ শক্তি হয়। অন্তৰত কিবা কৰি পেলুৱাৰ সাহস জন্ম হৈ যায়, যাক দেকাৰ শক্তি বুলিও কোৱা হয়। কল্পনাই সপোনৰ ভাৱ লব ধৰে। গাভৰুৰ প্ৰতি আকৰ্ষণ উৎপন্ন হোৱা আৰম্ভ হয় তথা শিশনত ঘনাই উত্তেজনা আহিব ধৰে।

শৰীৰৰ এটাৰ পিছত এটা পৰিবৰ্তনৰ বাবে কিশোৰ চমকিত হৈ উঠে। ইয়াত ভয় খোৱা বা আশ্চৰ্য হোৱাৰ কেনো কাৰণ নায়। ইটো শৰীৰৰ সহজ, স্বাভাৱিক আৰু প্ৰাকৃতিক পৰিবৰ্তন হয় যি সকলো কিশোৰৰ তাত আৰম্ভিক যৌৱনকালত প্ৰকট হয়। এই সময়ক ধুমুহাৰ সংজ্ঞা দিব পাৰি- যৌৱনৰ ধুমুহা- যত কমতৰ ভৰি ওলটি যায় আৰু কোনো এই ধুমুহা পাৰ হৈ যায়।

আচলতে, এই বয়স মানুহৰ জীৱনৰ কোমল সময় হয়, কাৰণ এই সময়ৰ ক্ৰিয়া-কালাপেই কিশোৰৰ জাতি জীৱনত প্ৰভাৱ পেলায়। এতিয়া এয়া কিশোৰৰে দায়ত্ব যে তেওঁ নিজৰ জীৱনক কেনেদৰে গঢ়িব ?

শৰীৰত কাম-বাসনাৰ উদয় হোৱা এক কৰ্মৰ দৰে হয়। এই কৰ্মক বস কৰিব নোৱাৰিলে তাত বৈ যোৱা ভয় সদায়ে থাকে। এই

কৰ্মত বৈ যোৱা অৰ্থ হল কুসংগতিৰ চিকাৰ হোৱা। অন্য শব্দত হস্তমৈথুন বা গুদামৈথুনৰ দৰে অপ্ৰাকৃতিক উপায়ৰ মাধ্যমেৰে বীৰ্যপাত কৰা।

হস্তমৈথুন ঃ

হস্তমৈথুন এক বিশ্ব-ব্যাপী বিকাৰ হয়। স্ত্ৰী-পুৰুষে নহয়, বৰং অনেক পশু-পক্ষিয়েও ইয়াৰ দ্বাৰা নিজৰ কাম-বাসনা শান্ত কৰে। সংসাৰত কোনো এনে ব্যক্তি হব যিয়ে বিশ্বপূৰ্বক এয়া কব পাৰিব যে তেওঁ কেতিয়াও হস্তমৈথুন নাই কৰা ?

যেতিয়া শৰীৰত বীৰ্য বনাৰ প্ৰক্ৰিয়া আৰম্ভ হয় তেতিয়া মনত কাম সম্বন্ধীয় বিচাৰো আহিব ধৰে। এনে সময়ত শিশন বাৰে-বাৰে উত্তেজিত হব ধৰে আৰু মুৰ্খভাৱে কিশোৰে তাক লৰাই বা চুই মেলি বীৰ্যপাত কৰিব ধৰে, যিনিকি একবাৰে অপ্ৰাকৃতিক হয়।

হস্তমৈথুনৰ অধিকতা এক হানিকাৰক ক্ৰিয়া আছে, কাৰণ এই কাৰ্য অকলে কৰা হয় সেয়েহে সাধাৰণতে ইয়াৰ অধিকতা হৈ যায়। পৰাপক্ষে এই ক্ৰিয়াৰ পৰা দূৰত থাকিব লাগে।

বীৰ্যপাতৰ পিছত কিশোৰে নিজকে দুৰ্বল অনুভৱ কৰে। সি পৰিতাপ কৰে যে ক্ষণিক আনন্দৰ বাবে মই এনে কাম কিয় কৰিলো ? এই পৰিতাপ আৰু গ্লানিয়ে মানসিক ক্ষতি কৰে। ইয়াৰ পৰা লাহে-লাহে আত্ম-বিশ্বাস আৰু ইচ্চা শক্তি হ্ৰাস হব ধৰে আৰু ইয়াৰ পৰিণাম অত্যাধিক হানিকাৰক হোৱা যেন লাগে।

ইয়াৰ উপৰিও হস্তমৈথুনৰ অভ্যাসি কিশোৰৰ হৃদয়ত এই ভয় আহি যায় যি তেওঁলোকে কিতাপ বা নিজৰ বন্ধু-বৰ্গৰ পৰা প্ৰাপ্ত হয়। কমতো লোকে এই বুলি ভয় লগাই যে হস্তমৈথুনৰ বাবে স্মৰণ শক্তি নষ্ট হৈ যায়, শৰীৰ ফোফোঁলা হৈ যায়, পুৰুষ নাৰীৰ বাবে উপযোগী হৈ নাথাকে, শৰীৰত ভয়ংকৰ ৰোগ লাগী যায়। কিছু ধুৰ্ত আৰু অসত চিকিৎসকে হস্তমৈথুনৰ পৰা হব লগা অসুবিধাক বঢ়াই মেলি কয়। তেওঁলোকে নৱযুৱকসকলক কৈ যে হস্তমৈথুনৰ বাবে তেওঁলোকৰ ইন্দ্ৰিয় বেঁকা হৈছে, তাত নীলা শিৰ ওলাই আহিছে, যত পানী ভৰি গৈছে, তোমাৰ মুত্ৰ-ছিদ্ৰ ডাঙৰ হৈ যোৱা ইত্যাদি।

এই প্ৰকাৰে ব্ৰহ্মচাৰ্য্যৰ কিছু কিতাপত বীৰ্যৰ মহিমা অপৰম্পাৰ বুলি কোৱা হৈছে। এনে কিতাপত মানি লোৱা হয় যে এক টোপাল বীৰ্য 40টোপাল ৰক্তৰ সমান হয়। ই ওলোৱাৰ ভয়ংকৰ পৰিনাম হব পাৰে- মানুহৰ আয়ু কমি যায়, কাৰণ বীৰ্য জীৱনৰ তত্ব হয়। কিছু কিতাপত এই বুলিও লিখা থাকে যে বীৰ্য ৰক্তৰ পৰা গঠন হয়, অতঃ ইয়াৰ বাহিৰ হোৱা শৰীৰত দুৰ্বলতা আনি দিয়ে।

কিন্তু এই কথা মন কৰিব লগীয়া যে ওপৰৰ সকলো কথাই নিৰাধাৰ হয়। ইয়াৰ কোনো বৈজ্ঞানিক আধাৰ নায় তথা ইয়াৰ কম কথাই পইছা আহৰণ কৰাৰ বাবে নিজে গঠন কৰি কোৱা হয়।

কিশোৰ সকলে ভালকৈ বুজা উচিত যে বীৰ্য ৰক্তৰ পৰা নহয় বৰং ই কিছু গ্ৰন্থিৰ সমাগমৰ শ্ৰৱ হয় তথা শৰীৰত নিজে গঠন হয়। বীৰ্যৰ ৰক্তৰ সৈতে কোনো সম্বন্ধ নাথাকে।

শিশন বা লিঙ্গ শৰীৰৰ এক ভাগ হয়। যি প্ৰকাৰে শৰীৰৰ বিভিন্ন ভাগত শিৰ থাকে, সেই ধৰণে লিঙ্গত শিৰ দেখা গলে তাত অসুবিধা একো নায়। ইয়াৰ উপৰিও শিৰত পানী জমা হোৱাটো হাস্যকৰ কথা হয়। এইটো সকলোৱে জানে যে শিৰত ৰক্ত থাকে। এতিয়া থাকিল কথা শিশন বেঁকা হোৱা ? আগৰ পৃষ্ঠাত আপুনি পঢ়িছে যে দুয়োটা অণ্ড আনটোৰ অপেক্ষাত কিছু ডাঙৰ হৈ যায়, এই কাৰণে এনে প্ৰতিত হয় যে শিশন অলপ বেঁকা হয়।

অতঃ বুজিব পৰা যায় যে হস্তমৈথুনৰ পৰা ক্ষতি হোৱা কথা মনে গঢ়া হয়। আপুনি পিছে এই বিষয়ে জানিবলৈ উৎসুক যে হস্তমৈথুনৰ পৰা কিমান হানি হব ?

হস্তমৈথুনৰ পৰা হানি ঃ

হস্তমৈথুন নিয়মৰ ফলস্বৰূপে প্ৰথমে হৃদয়ৰ ভিতৰত পাপ, হীনতা আৰু গ্লানীৰ ভাৱ জন্ম লয়- কাৰণ ই এক অপ্ৰাকৃতিক ক্ৰিয়া হয়। দ্বিতীয়তে যোনাঙ্গ অধিক উত্তেজিত আৰু ক্ষুস্থ থাকিব ধৰে। হস্তমৈথুনৰ অভ্যাসীয়ে শীঘ্ৰেই বীৰ্যপাত কৰে, অধিক স্বপ্নদোষ হয় তথা তেওঁলোকৰ স্নায়ুযন্ত্ৰ দুৰ্বল হৈ যায়, যাৰ বাবে সোনকালে খং উঠে, কাৰো কথাত মন নবহে আৰু এনে অভ্যাসৰ চিকাৰ হোৱা কিশোৰে এনে কাৰ্যক বাধা দিয়াত অসমৰ্থ হয়।

হস্তমৈথুনৰ আনন্দ কিছু সময়ৰ বাবে পোৱা যায় আৰু ইয়াৰ পৰা শৰীৰৰ যিমান গৰম যায়, তাক পুৰ্ণ কৰাত সময় অধিক যায় আৰু অকলশৰে আনন্দ লৈ আৰু নিজৰ মাজত আনন্দিত থাকিব ধৰে আৰু ব্যক্তি একান্তপ্ৰিয় হৈ যায়। হস্তমৈথুনৰ পৰা দুৰ্বলতা আহে, কিন্তু যদি আপুনি মনক নিয়ন্ত্ৰণ কৰে তেনে এই বিধিক ত্যাগ কৰি দিলে দুৰ্বলতা দূৰ হৈ যায়।

হস্তমৈথুনৰ পৰা ৰক্ষা পৰা ঃ

হস্তমৈথুনৰ পৰা নিজকে ৰক্ষা কৰা সকলোতকৈ সহজ উপায় হল নিজৰ মনক নিয়ন্ত্ৰিত কৰা। মনক নিয়ন্ত্ৰণ কৰা উপায় হল বেছি সময় একান্তত নাথাকে।

খেলা-ধূলা, ব্যয়ামত মন দিয়ক। কামোত্তেজক কিতাপ নপঢ়িব। একান্ত সময় পালে ভাল লিখকৰ উত্তম কিতাপ পঢ়ক। দিনটো কাম কৰিঁ, ব্যয়াম কৰি বা পঢ়া-পাতি কৰি নিজৰ শৰীৰক ভাগৰুৱা কৰি তোলক।

এই প্ৰকাৰে মন হস্তমৈথুনৰ পৰা বিৰত থাকিব আৰু ৰাতি টোপনি আহিব, যাৰ দ্বাৰা পিছৰ দিন প্ৰসন্ন থাকিব।

এনে লোকৰ পৰা আতঁৰত থাকিব যি সকলো সময়তে উত্তেজক কথা পাতি থাকে। অধিকতম উতেজক কথা নিজে গঢ়া হয়, তাত সচাঁ কমে থাকে। ইয়াৰ উপৰি কেতিয়াবা হস্তমৈথুন হলে, তেন্তে ভয় খাই তথাকথিত গুপ্ত ৰোগ বিশেষজ্ঞ বা শক্তি দিয়া টেবলেতৰ পাল্লাত নপৰে।

ফল-তৰকাৰি, গাখীৰ আদি পদাৰ্থত যিমান শক্তি থাকে, তেনে শক্তি কোনো দৰৱতে নাথাকে। তুমি যদি কিছু সময় হস্তমৈথুন কৰিলা তেন্তে এই অভ্যাস বাদ দিয়া। এতিয়াও কোনো দুখ নকৰি এৰি দিয়া কাৰণ হস্তমৈথুন তেতিয়ালে হানিকাৰক হয় যেতিয়ালে ইয়াক অভ্যাস কৰে। ইয়াক এৰাৰ পিছত তোমাৰ যি মানসিক আৰু শাৰীৰিক ক্ষতি হল, ই নিজে-নিজে ঘূৰি আহিব।

স্বাভাৱিক সম্ভোগত মানুহৰ সম্পুৰ্ণ শৰীৰ কাৰ্যৰত থাকে সেয়ে সম্পুৰ্ণ শৰীৰে আনন্দ উপভোগ কৰে। সম্ভোগ এক পুৰক ক্ৰিয়া হয়। সম্ভোগ যদি স্বাভাৱিক হয় তেতিয়া ই শক্তিনাসক নহয় বৰং

শক্তিবৰ্ধক সিদ্ধ হয়। হস্তমৈথুনক আমি কেতিয়াও পুৰক ক্ৰিয়া বুলি কওঁ বা ই শক্তিবৰ্দ্ধকো নহয়। ই খালি মনৰ এক স্খলন হয় বাকি একো নায়। অধিক মাত্ৰাত ই দুৰ্ব্যাসন হয় আৰু দৃঢ় আত্মবিশ্বাসৰ বলত ইয়াক বাদ দিব লাগে।

গুদামৈথুন ঃ

প্ৰায়ে বয়সিয়াল লোক যি গুদামৈথুনৰ আদি হয়, কিশোৰ সকলক বিভিন্ন প্ৰকাৰৰ লোভ দি সিহঁতৰ পৰা গুদামৈথুন কৰে বা কৰিব দিয়ে।

গুদাক প্ৰকৃততে মল বিসৰ্জনৰ বাবে ৰচা হৈছে, সেয়ে ইয়াৰ আকৃতি এনে যে ই গুদামৈথুনৰ বাবে কষ্টকৰ হয়। নৰ-নাৰীৰ জননেন্দ্ৰিয়ৰ ৰচনা এনে প্ৰকাৰে হৈছে যে ইয়াৰ প্ৰয়োগৰ দ্বাৰা মৈথুন ক্ৰিয়া আনন্দদায়ক হয়। গুদামৈথুনৰ সমাজত মানি লোৱা হোৱা নাই তথা ইয়াক কৰা আৰু কৰিব দিয়া দুয়োজনকে নৈতিক ৰূপত নিজকে অপৰাধী মানা হয়। ইয়াৰ অনেক মানসিক লোকচান হয়, গ্লানী, হীনতাৰ ভাৱ তথা ইচ্চাশক্তি আৰু আত্মবলৰ হ্ৰাস হয়।

অধিক সময়লৈ গুদামৈথুনৰ অভ্যাসী ব্যক্তি স্ত্ৰী-সমাগমৰ পৰা বিমুখ হৈ যায়, স্ত্ৰীৰ পৰা অৰুচি উৎপন্ন হৈ যায়।

ইয়াত আমি প্ৰত্যেক কিশোৰক সাৱধান কৰি দিব বিচাৰো যে সিহতেঁ ডাঙৰ বয়সৰ লোকৰ সৈতে গুদামৈথুনৰ পৰা বিৰত থাকে।এনে লোক প্ৰায়ে স্কুলৰ বাহিৰত বা পাৰ্ক সমূহত কিশোৰ সকলক ফুচলায়, এনে লোকৰ পৰা দূৰত থাকিব লাগে। যদি তেওঁ বেছি অসুবিধা দিয়ে তেন্তে অভিভাৱকক কই দিব লকগে। লগতে, কোনো লগৰ কোৱাত আন এজনৰ সৈতে গুদামৈথুন কৰিব নালাগে। এনে স্বভাৱে ডাঙৰ হলে আৰু ডাঙৰ ৰূপ লৈ বিপৰিত প্ৰভাৱ পেলায়।

স্বপ্নদোষ ঃ

স্বপ্নদোষ বাস্তৱত কোনো দোষ নহয়, বৰং এক প্ৰাকৃতিক ক্ৰিয়া হয়। যেতিয়া শৰীৰত অধিক বীৰ্য গঠন হয় তথা শুক্ৰাশয়ে তাৰ ভৰ সম্ভালিব নোৱাৰে আৰু স্বপ্নদোষৰ মাধ্যমেৰে নিজেই বীৰ্য শৰীৰৰ পৰা বাহিৰ ওলাই যায়। স্বপ্নদোষৰ কোনো সংখ্যা নিশ্চিত

কৰিব নোৱাৰি। এই সকলো খান-পান, থকা-লোৱা আৰু স্বাস্থ্যত নিৰ্ভৰ কৰে। মচলাদায়ক, গৰম খাদ্য পদাৰ্থ অধিক খালে তথা শৌচ বন্ধৰ পৰা পিড়িত কিশোৰৰ অধিক স্বপ্নদোষ হোৱা দেখা যায়। এই কথা সিহতৰ লগতো একে যিয়ে কামোত্তেজক বাতাবৰণত অধিক থাকে আৰু কাম-চিন্তন অধিক কৰে। সাধাৰণ খাদ্যৰ অভ্যাসী আৰু কামোত্তেজক বাতাবৰণৰ পৰা দূৰ থকা কিশোৰৰ যদি মাহত দুই তিনি বাৰ স্বপ্নদোষ হৈ যায়, তেতিয়া তাত চিন্তিত হোৱাৰ কাৰণ নায়। যি কিশোৰে হস্তমৈথুন এৰি দিয়ে, তেন্তে স্বপ্নদোষৰ সংখ্যাও বাঢ়ি যায়, কিন্তু পিছত লাহে-লাহে কমি যায়। বিবাহৰ পিছত স্বপ্নদোষ একেবাৰে নহয়।

স্বপ্নদোষ কোনো বেমাৰ নহয় সেয়েহে ইয়াত চিন্তিত হব নালাগে, বা কোনো দৰৱো খাব নালাগে। বিশেষ মন দিব লগা কথা এয়ে যে এই বেমাৰত কোনো দৰৱে কাম নকৰে। সেয়ে অসৎ ডাক্তৰৰ লোভনিয় কথাৰ পৰা আতঁৰি থাকক। মাত্ৰ সাধাৰণ খান-পান, ভাৱ-ধাৰণাত পৰিবৰ্তন আৰু ব্যায়াম আদিৰ পৰাহে স্বপ্নদোষৰ সংখ্যা কমি যায়।

স্বপ্নদোষ ঃ ভাৰতীয় দৃষ্টিকোণ

টোপনিৰ সময়ত মানুহে কম ধৰণৰ সপোন দেখে। ইয়াৰ মূখ্য কেন্দ্ৰ বিন্দু মানুহৰ নিজৰ সংস্কাৰ আৰু বিচাৰে কৰে। দিনটো যি ধৰণৰ বাতাবৰণত মানুহ থাকে, সেই ধৰণৰ স্বপ্নৰ আভিৰ্ভাৱ হয়। আজি কালিৰ যুৱকৰ এয়া মানা আছে যে তেওঁলোকৰ মাক-দেউতাকে সিহঁতক জন্ম দিয়াৰ বাবে বিশেষ চেষ্টা নকৰে, বৰং সিহঁত এই সংসাৰত অহাটো তেওঁলোকৰ কামইচ্ছা-তৃপ্তিৰ ফল হয়। বাস্তৱত এই কথা মিচাও নহয়, কাৰণ সাধাৰণতে আজিকালিৰ যুৱ দম্পতিয়ে কামতৃপ্তিকে বিবাহৰ লক্ষ্য মানি লয়- সেয়ে নিজৰ পত্নি আৰু সুবিধা পালে অন্য স্ত্ৰীৰ সৈতেও সম্ভোগ কৰে। এনে বিচাৰ সেই ব্যভিচাৰিৰ পৰা উৎপন্ন হোৱা সন্তানৰ তাতো যায়।

নিদ্ৰাৱস্থাত অহা স্বপ্নত কামোত্তেজিত ৰূপ আৰু কেতিয়াবা স্বপ্ন অবিহনে বীৰ্যপতি হৈ যায়। ইয়াক নিজৰ ভূল কৰ্মৰ কুপৰিণাম বুলি মানিক লাগে।

দিনত মানুহে অশলীল সাহিত্য পঢ়ে, কামোত্তেজক উপন্যাস পঢ়ে, লেতেৰা ছবি চায় আদি। এনে বন্ধুৰ সৈতে থকা, খেলা-ধূলা কৰা অথবা মনোৰঞ্জন কৰা যি কাম বাসনাত সমানে ভাগ লয়। এই ধৰণে দিনটোৰ পৰ্যাপ্ত সামগ্ৰী মানুহৰ মূৰত ভৰি যায়। এনে সামগ্ৰী মনৰ স্বপ্নৱস্থাৰ বাবে হয়। মানুহে যদি ভাৱে যে তেওঁ বেয়া সপোন আৰু তাৰ উৎপন্ন হোৱা স্বপ্নদোষৰ দৰে ভয়ংকৰ মানসিক ৰোগৰ পৰা দূৰত থাকে তেন্তে তেওঁ এই সকলোৰ পৰা সাৱধান থাকে। বেয়া ভাৱ জন্মই নিদিয়ে। এই প্ৰকাৰে তেওঁ ৰাতি স্বপ্নৱস্থাৰ বেয়া বিচাৰ অহাৰ পৰা মুক্ত হব।

স্বপ্ন বিজ্ঞানৰ সিদ্ধান্তত আস্হা ৰখা বিশেষজ্ঞৰ এনে ভাৱ আছে যে- অতি ডাঙৰ স্বপ্নয়ো পাচঁ চেকেণ্ডৰ অধিক সময় নলয়, যতনেকি কম প্ৰকাৰৰ স্বাভাৱিক কৃত্ৰিম আৰু প্ৰাকৃতিক মৈথুনত কম বেঁছি সময় লয়। ইয়াৰ পৰা ইয়াকে পাও যে স্বপ্নদোষত মানুহৰ এনে বীৰ্য ওলাই যি শৰীৰৰ বিভিন্ন অঙ্গৰ পৰা বৈ যায়। এই প্ৰকাৰে যৌন-পণ্ডিতৰ দৃষ্টিত মৈথুনৰ অপেক্ষা স্বপ্নৰ দ্বাৰা যি বীৰ্য বাহিৰ হৈ, সেয়া কমত কম হয়। স্বপ্নদোষত শৰীৰৰ মন্থন নহয়, সেয়ে শৰীৰৰ ভাগে-ভাগে থকা বীৰ্য বাহিৰলৈ নাহে।

ইয়াৰ বিপৰিতে ভাৰতীয় দৃষ্টিকোণে ইয়াক হানিকৰ বুলি মানে। এই অনুসৰে বীৰ্যৰ দুটা গতি আছে- উৰ্দ্ধগামী আৰু নিম্নগামী অথবা উৰ্দ্ধগতি বা অধোগতি। যি ধৰণে শৰীৰ ছয় ধাতুক গ্ৰহণ কৰি তাৰ পিছত সিহঁতক বাহিৰ নুলায়, সেই ধৰণে বীৰ্যৰ দৰে অমূল্য তত্ব যি সকলো ধাতুৰ সাৰ হয়- মানুহৰ ইচ্ছা বা ভূল অবিহনে বাহিৰ ওলাব নোৱাৰে। ইচ্ছা অবিহনেটো মল-মূত্ৰও বাহিৰ ওলাব নোৱাৰে। সেয়ে নজনাকে স্বপ্নদোষৰ মাধ্যমেৰে যি বীৰ্য বাহিৰ ওলাই, ইয়াক মানুহৰ ৰোগানুৱস্হা ভাৱিব লাগে আৰু যোগ্য চিকিৎসকৰ দ্বাৰা তাৰ চিকিৎসা কৰিব লাগে।

বেশ্যাগমন ঃ

কিশোৰসমূহ কুসংগতিত পৰি কম বাৰ বেশ্যাগমন কৰিব ধৰে, ইয়াৰ কমতো লোকচান আছে। ইয়াৰ পৰা হব পৰা সকলোতকৈ ভয়ানক ৰোগ হল- এইড্স। ই এক মাৰাত্মক ৰোগ হয়। ইয়াৰ

বাহিৰেও এই বৃত্তিৰ পৰা অনেক যৌন ৰোগ লাগি যায়। বেশ্যাগমন এক ঘোৰ অনৈতিক আৰু অসামাজিক কাৰ্য হয়। ই মানুহক মানসিক ৰূপত ঘোৰ কষ্ট দিয়ে। বেশ্যাগমনৰ অভ্যাস হলে বিয়াৰ পিছতো এৰ নাযায়। ইয়াৰ পৰা বিবাহিত জীৱনত বেয়া প্ৰভাৱ পেলায়।

সুজাক ঃ

দুষিত মৈথুনৰ বাবে এটা জনেনদ্ৰিয় আনটো জনেনদ্ৰিয়ত সুজাকৰ বিজাণু প্ৰবেশ কৰি যায়। ইয়াৰ পৰিণাম হয় যে পুৰুষৰ মুত্ৰনলী আৰু মহিলাৰ যোনীত জলন হব ধৰে। ৰোগ হোৱা স্হানত পীপৰ দৰে তৰল শ্ৰৱ ওলাই।

স্ত্ৰীৰ এই ৰোগ হলেটো পুৰুষতকৈ কম অধিক গম্ভীৰ ৰূপ লয়। কাৰণ এনে হয় যে স্ত্ৰীৰ গুপ্তাঙ্গ পুৰুষৰ গুপ্তাঙ্গতকৈ অপেক্ষা অধিক ঘন হয়। আচলতে পুৰুষৰ গুপ্তাঙ্গত গাতটো নাথাকে, কিন্তু স্ত্ৰীৰ গুপ্তাঙ্গ গভীৰ হয়। এই গভীৰ গুপ্তাঙ্গত যেতিয়া এবাৰ ৰোগৰ বিজাণু প্ৰবিস্হ হৈ যায় তেতিয়া চিকিৎসাত কমত কঠীনতা আহে। ভাল হোৱাৰ পিছতো শৰীৰৰ ভিতৰত বিজাণু থাকি যায়। এই ৰোগৰ প্ৰভাৱ ৰোগীৰ সন্তানৰ তাতো অহা সম্ভাৱনা থাকে। পোৰুষ গ্ৰন্থিৰ ৰোগ তথা গাঠিঁৰ বিষো সুজাকৰ ফলস্বৰূপে হয়।

সুজাকৰ ৰোগীৰ সৈতে সহবাস বা মৈথুন কৰিলে এই ৰোগ এটাৰ পৰা অন্য ব্যক্তিৰ তাত যায়। ইয়াৰ্ জন্মদাতা বিজাণুক 'পুয়েমহানু' কোৱা হয়। ইংৰাজীত ইয়াক 'গোনো কোকস' কোৱা হয়। পুৰুষৰ মুত্ৰনলীত এক ইঞ্চি তলত এটা গাতৰ দৰে হৈ যায়। ইয়াৰ পৰাই বাঢ়ি গৈ লাহে-লাহে ই মুত্ৰনলী বা মুত্ৰশয় আৰু পিছত অণ্ডকোষলৈ বাঢ়ি যায়। স্ত্ৰীৰ ক্ষেত্ৰত তেওঁলোকৰ যোনীৰ কাষৰ অঙ্গ যেনে মুত্ৰনলী, মুত্ৰাশয়, গৰ্ভাশয় আদি প্ৰথমতে ৰোগাক্ৰান্ত হয়। পিছে এই ৰোগ পুৰুষ তথা স্ত্ৰী দুয়োটাই আক্ৰান্ত হয় কিন্তু স্ত্ৰীৰ মুত্ৰমাৰ্গ কমত সৰু হোৱাৰ বাবে পুৰুষতকৈ কম কষ্ট পায়। ইয়াৰ পীপ শৰীৰৰ যি কোনো স্হানত শ্লেষ্মিক জিলীত লাগি সেই স্হানক ৰোগাগ্ৰস্হ কৰি তোলে। এই ৰোগত মুত্ৰনলীত পীপৰ দৰে পাতল শ্ৰৱ থাকে।

এই ৰোগৰ কষ্ট দিনৰ সময়ত অধিক হয়। বাৰে-বাৰে পেচাব কৰিব মন যায়। মুত্রত্যাগত বিষ হয়। পেচাব খুলাকে নহয় বৰং টোপাল ৰূপে ওলায়।

সুজাক হোৱাৰ আৰম্ভতে তাৰ চিকিৎসা কৰি লব লাগে। প্রায় তাৰ ঠিক হোৱা এক সপ্তাহতকৈ বেছি সময় নলয়। এই ৰোগৰ পৰা নেত্র জ্যোতি নষ্ট হব পাৰে।

আতশক বা সিপলিস ঃ

ই এক ভয়ংকৰ গুপ্ত ৰোগ হয়। ইয়াৰ তিনিটা অৱস্থা আছে। প্রথমতেতো শিশনৰ আগফালে এক দানাৰ দৰে হয় আৰু কিছু সময়ৰ পিছত নিজে ভাল হৈ যায়। এই অৱস্থাত ৰোগৰ বিষ তেজত বহি যায় আৰু গোটেই শৰীৰত তাম ৰঙৰ দানা ওলাই আহে। কোনোৰ নাকৰ হাড়ঁদিও বহি যায়।

তৃতীয় আৰু সকলোতকৈ ভয়ানক অৱস্থা কিছু বর্ষ পিছত আহে যাৰ ফলস্বৰূপে হৃদয় ৰোগ, গাঁঠিৰ বিষ, স্নায়ু বিকাৰ, মানসিক ৰোগৰ দৰে ৰোগৰ জন্ম হয়। যদি এই ৰোগত আক্রান্ত ৰোগীয়ে সন্তান জন্ম দিয়ে তেন্তে সন্তানটো বিকৃত অঙ্গ অধিকাৰী, পাগল, অন্ধ, বেঁঙা আদি হব পাৰে।

আতশকৰ পৰিণামস্বৰূপ সংসাৰত কোনো ৰোগে সহজে হব পাৰে। আতশক তথা সুজাকৰ বাহিৰে অন্য কমত ভিতৰুৱা বেমাৰ আছে যি বজাৰুৱা স্ত্রী বা অসুৰক্ষিত যৌন-সম্বন্ধৰ পৰা লাগিব পাৰে, সেয়ে স্বাস্থ্যৰ দৃষ্টিৰ পৰা প্রত্যেক নবযুৱকৰ পৰম কর্তব্য হয় যে তেওঁ বেশ্যাগমনৰ পৰা দূৰত থাকে।

অনৈতিক সম্বন্ধ ঃ

ওচৰ-পাজৰ বা স্কুল-কলেজৰ কিশোৰীক ফুচলাই সিহঁতৰ পৰা কাম-কামনাৰ ক্রিয়া কৰাৰ ভাৱনা ৰখা কিশোৰক চকু দিব লাগে। এই বয়স শীঘ্রেই পিচল খাব ধৰে তথা নিজৰ ভাৱনাক নিয়ন্ত্রণ ৰখা টান হয় সেয়ে এনে স্হিতি আহিব দিব নালাগে, যাৰ পৰা কিশোৰীৰ সৈতে ঘনিষ্টতা বাঢ়ে- কাৰণ এই বয়সত এই ঘনিষ্টতা সাধাৰণতে সমাগমলৈ গৈ সমাপ্ত হয়, যাৰ বাবে কোনো নির্দোশ কিশোৰী

গৰ্ভৱতী হব পাৰে। কম বাৰ কিশোৰ-কিশোৰী লগ হোৱাৰ বাবে বদনামৰ ভাগি হয়।

এই কথাৰ অৰ্থ এয়া নহয় যে যুৱক-যুৱতী আন এজনক বেয়া ভাৱে বা দূৰে দূৰে থাকে। এটাই আনটোৰ সৈতে পৰিচিত হোৱা, সাংস্কৃতিক কাৰ্যত ভাগ লোৱা, অলপ লগ পোৱা তথা বিচাৰৰ আদান প্ৰদানন কোনো লোকচান নাই কিন্তু এই লগ পোৱা, কথা বতৰা এক সীমালৈ হব লাগে আৰু অন্য লোকৰ উপস্থিতিত হব লাগে নহলে ঘনিষ্টতা বাঢ়িলে অসুবিধা আৰম্ভ হৈ যায়। একান্তত কামৰ ভাৱ জাগৃত হৈ যায় আৰু ইয়াৰ পিছত আগৰ শৰণত হয়-সমাগাম। মনে-মনে কৰা এই সমাগম বা প্ৰেম-ক্ৰিয়া সকলো প্ৰকাৰে বৰ্জনীয় হয়।

●●●

কিশোৰী সকলৰ সমস্যা

কিশোৰৰ সমানে কিশোৰীৰ শৰীৰতো যৌৱন ওলাই আহে। সিহঁত ওখ হব ধৰে। অঙ্গ-প্ৰতঙ্গ ভৰিব ধৰে আৰু সুগঢ়ি হৈ যায়। কল্পনা শক্তি তীব্ৰ হৈ যায়, মনত এটাই ভাৱ উৎপন্ন হৈ যায়। শৰীৰত এক শক্তি জাগ্ৰত হয়, যাৰ বাবে কেতিয়াবা অস্হিৰতা অনুভৱ হয়। যৌৱআগমনত স্তন ওলাব ধৰে, টপিনা গোল হব ধৰে তথা মাহেকীয়া ধৰ্ম আৰম্ভ হৈ যায়, এই কথাৰ বৰ্ণনা আমি আগতে কৰি থৈছো। ইয়াত আমি কিশোৰীৰ বিভিন্ন সমস্যাৰ বিষয়ে বৰ্ণনা কৰিমঃ

আত্মৰতি ঃ

কিশোৰৰ সমানে কিশোৰীয়েও নিজৰ যৌনাঙ্গৰ ঘৰ্ষণ কৰি আনন্দ অনুভৱ কৰে। টান বস্ত্ৰ বা গা ধোঁৱাতে বা চাইকেল চলুৱা সময়ত সিহঁতৰ যৌনাঙ্গ নিজে উত্তেজিত হৈ উঠে অথবা ইয়াক চুই পেলাই উত্তেজনাৰ অনুভৱ কৰিব ধৰে। কিশোৰীয়ে আত্মৰতি নিজৰ যৌনাঙ্গক পিহি পেলাই অথবা যোনী-মাৰ্গত আঙুলি, টুথব্ৰচ, হেয়াৰপিন, মোমবতি, বেঙেনা বা কোনো দীঘল বস্তু ভিতৰত সোমাই কৰা হয়। কেতিয়াবা এজনি যুৱতীয়ে আন এজনীৰ সহায়ত আত্মৰতি কৰে অথবা দুই যুৱতীয়ে পৰস্পৰৰ যৌনাঙ্গত ঘৰ্ষণ কৰে।

লৰা-ছোৱালীৰ হস্তমৈথুনত মাত্ৰ ইয়ে অন্তৰ হৈ যে যত উত্তেজনাৰ চৰম সীমা পাৰ হলে লৰাই বীৰ্যপাত কৰে, তাতে ছোৱালীৰ এনে কোনো শ্ৰৱ নোলায় কিন্তু আনন্দৰ অনুভৱ সিহঁতেও কৰে। তাহোতৰোঁ ৰক্ত সঞ্চাৰ ঘণ হৈ উঠে। শৰীৰত উত্তেজনা আৰু শিহৰণৰ বতাহ বলিব ধৰে। শৰীৰৰ গোটেই শক্তি ধৰা যৌনাঙ্গত কেন্দ্ৰিত হৈ যায় তথা এই শক্তি যুৱকৰ সমানে অপ্ৰাকৃতিক ক্ৰিয়াৰ মাধ্যমতকৈ কম হয়।

আত্মৰতিৰ দুষ্প্ৰভাৱ ঃ

যি হস্তমৈথুনৰ বেয়া প্ৰভাৱ কিশোৰৰ তাত দেখা যায়, সেয়া যুৱতীৰ ক্ষেত্ৰতো হয়। অৰ্থাত তেওঁলোকৰ মনত পাপ, হীনতা আৰু গ্লানীৰ ভাৱ জাগ্ৰত হয় তথা ই স্বভাৱিকে পুৰুষ সহবাসৰ পিনে আকৃষ্ট হয়। এনে অৱস্হাত তেওঁলোকৰ বৈবাহিক জীৱন অসফল সিদ্ধ হব পাৰে।

ইয়াৰ উপৰিও কিশোৰীয়ে কৃত্ৰিম উপকৰণ যোনীৰ ভিতৰত সোমাই, যি তাতে ভাঙি যোৱাৰ ভয় থাকে। এনে অৱস্হাত সেই বস্তুটো ডাক্তৰৰ সহায়ত বাহিৰ উলোৱা হয়। এই স্হিতি কোনো ছোৱালীৰ বাবেই কমত লাজৰ কথা হয়। যোনী মাৰ্গ কমতেই কোমল হয় তথা বাহিৰৰ কোনো কঠোৰ বস্তু ভিতৰ সোমালে বৰ কষ্ট পায় আৰু ভিতৰত ঘাঁ হব পাৰে, তাত সুজনো হব পাৰে আদি। এই বস্তুৰ মাধ্যমৰে ৰোগো যোনীৰ ভিতৰত প্ৰৱেশ কৰিব পাৰে আৰু এনেই কোনো ৰোগ হব পাৰে।

অনৈতিক যৌন সম্বন্ধ ঃ

বৰ্তমান সময়ত এই উপদেশ দিব নোৱাৰি যে কিশোৰীসকল কিশোৰৰ পৰা দূৰত থাকে। এই উপদেশ অৱশ্যে এনে দিয়া যেন হব। পৃথিৱী দ্ৰুত গতিৰে আগ বাঢ়ি আছে। সদায় নতুন পৰিবৰ্তন হৈ আছে। পুৰণা মান্যতা সমাপ্ত হৈ গল। যুৱতী আগতকৈ কম স্বতন্ত্ৰ হল। তেওঁলোক শিক্ষিত হল তথা বিভিন্ন পদত নানা চাকৰি কৰে। এই প্ৰকাৰে আমি ইয়াকে মানি লব পাৰো যে স্ত্ৰী-পুৰুষৰ দাস নহয় তথা সিহঁতৰো সমান অধিকাৰ আছে, কিন্তু তাৰ কাৰণ ই কেতিয়াও নহয় যে স্ত্ৰী-পুৰুষৰ পাৰস্পৰিক স্বতন্ত্ৰাৰ কোনো মৰ্য্যদা নাথাকে। মৰ্য্যদাতকৈ অধিক স্বাধীন হোৱাটো হানিকাৰক হয় সেয়ে কিশোৰ-কিশোৰীয়ে ঘনিষ্টতা নবঢ়ায়, তেতিয়াই ঠিক থাকিব, কাৰণ এনে ঘনিষ্টতাই শেষত প্ৰায় শৰীৰৰ মিলন হয়- যাৰ পৰিণাম বিশেষভাৱে কিশোৰীৰ বাবে বেছি হানিকাৰক হয়। যেনে- বদনামী ওলোৱা বা গৰ্ভৱতী হোৱাৰ ভয় থাকে।

পশ্চিমীয়া দেশত যুৱক আৰু যুৱতীৰ সম্বন্ধক লৈ কমত স্বাধীনতা আছে তথা এই হিচাবত বিবাহ-বিচ্ছেদ অধিক হয়। আমাৰ দেশৰ সভ্যতা-সংস্কৃতি ভিন্ন হয়। ইয়াত বিবাহ এক অটুত বন্ধন হয়, জন্ম-জন্মান্তৰ। পতিৰ বাবে পত্নি ইয়াত দেৱী স্বৰূপ আৰু পত্নিৰ বাবে পতি দেৱতা। এনে পবিত্র আৰু আদৰ্শ সামান্য কামোত্তেজনাত আধাৰিত হব নোৱাৰে। সেয়ে কিশোৰীক লাগে যে সৰু বয়সতে শাৰীৰিক সম্বন্ধৰ পৰা বিৰত থাকে। আমাৰ ভাৰতীয় সংস্কৃতিত প্ৰেমৰ বিধান বিবাহৰ পিছত হয় আগত নহয়। ইয়াৰ পৰা মনত অপৰাধ ভাৱ জন্ম নলয় আৰু সমাগম আনন্দপুৰ্ণ হয়। ভাৰতৰ সমাজিক ব্যৱস্হাক দেখিও, কিশোৰীসকলে যিমানলৈ পাৰে, কিশোৰৰ সৈতে ঘনিষ্টতা নবঢ়ায়, সিহঁতক নিজতকৈ আতঁৰত ৰাখিব।

যুৱকেটো সিহঁতৰ কাযত আহিবৈ, সিহঁতক ফুচলাব চাবই, কিন্তু কিশোৰীসকলক সাৱধান থাকিব লাগিব- কাৰণ এই সময়ত এটা বেয়া কামে গোটেই জীৱন ধাৰাৰ ৰূপ সলনি কৰি দিব। যুৱকৰ সৈতে শিক্ষা-সম্বন্ধীয় বা সাংস্কৃতিক চৰ্চা কৰাত কোনো বাধা নাই কিন্তু লগতে একান্ত স্হানত ঘূৰা-ফিৰা নকৰে, ই লগাতকৈ আগত যোৱা কথা হয়। যেতিয়া যুৱকৰ সৈতে সম্বন্ধৰ প্ৰশ্ন আহে তেতিয়া যুৱতী সকলক সাৱধান থাকিব লাগে তথা নিজকে নিয়ন্ত্ৰণ ৰাখিব লাগে, কাৰণ সমাগমৰ হানি যুৱকক ইমান নহয়, যিমান যুৱতীসকলৰ হয়।

কিশোৰ-কিশোৰীসকলক এই মানি লব লাগে যে প্ৰেম-বাসনাৰ নিচা কমত উত্তেজক হয়- ইমান উত্তেজক যে ইয়াত পেচ খাই পঢ়া-শুনা, মা-দেউতা সকলো পাহৰি যায়। এই কথাৰ পৰিণাম কেতিয়াও ভাল নহয়, জীৱনটো কমত সৰু আৰু যুবাৱস্হা তাতকৈও সৰু, সেয়েহে এই সময়ৰ সদোপয়োগ কৰিব লাগে তথা প্ৰেমৰ আনন্দ উচিত সময়ত অৰ্থাত বিবাহৰ পিছতে লব লাগে।

শ্বেত প্ৰদৰ ঃ

এই ৰোগ স্ত্ৰীৰ তাত সাধাৰণ হয়। শৌচ বন্ধ, মাহেকীয়া ধৰ্মৰ অনিয়মতা, যোনীমাৰ্গ চাফ-চিকুণকে ৰখাত মন নিদিয়া, মাদক দ্ৰব্যৰ সেৱন, অধিক দৰৱ সেৱন, গৰম খাদ্য সেৱন আদি কাৰণৰ

বাবে স্ত্ৰী-কিশোৰীৰ যোনীৰ পৰা শ্বেত গাঢ়া, কেতিয়াবা গোন্ধময় শ্ৰৱ হব ধৰে, ইয়াকে শ্বেত প্ৰদৰ কোৱা হয়। ই কোনো ৰোগৰ লক্ষণ নহয়, বৰং যৌনাঙ্গত একত্ৰিত মল হয় যি নিজে মন নকৰাৰ বাবে তাত জমা হয়, সেয়ে দৰৱৰ সহায়ত তাক ৰখাব চেষ্টা কৰিব নালাগে বৰং নিজৰ দিনচৰ্যা বদলি কৰি ইয়াৰ ওপৰত বিজয় পাব লাগে।

পাতল ব্যায়াম, ৰাতিপুৱাৰ ভ্ৰমণ, যোনী স্হানৰ নিয়মিত চাফ-চিকুণ কৰা, শুদ্ধ-সাত্তিক ভজন কৰা আদিৰ প্ৰয়োগত এই ৰোগ নিজেই সমাপ্ত হৈ যাব।

মাহেকীয়া ধৰ্মৰ সৈতে জড়িত সমস্যা ঃ

এমনোৰীয়া- এমনোৰীয়া মানে মাহেকীয়া ধৰ্ম বেছিকৈ হোৱা বা হৈ থাকোতে হঠাতে বন্ধ হোৱা। ই মহিলাৰ এক সাধাৰণ সমস্যা হয়। ই দুই প্ৰকাৰৰ হয়- 1. প্ৰইমাৰী, 2. ছেকেণ্ডাৰী।

1.প্ৰাইমাৰী এমনোৰীয়া ঃ ই পিটিয়ুটৰি গ্ৰন্থি, হায়পোথৈলেম্স, অণ্ডকোষ, গৰ্ভাশিয় আৰু যোনীৰ কিছু প্ৰকাৰৰ বস্ত্ত কম হোৱাই হয়। গৰ্ভাশয়ৰ বিকাশ নোহোৱাৰ বাবে, যোনী পুৰ্ণ ৰূপত বিকশিত নহয় বা যোনীদ্বাৰৰ বেদ নোহোৱাৰ বাবে প্ৰাইমাৰী এমনোৰীয়া হব পাৰে।

অন্য কাৰণ ঃ

হায়পোথৈলেম্সত কোনো প্ৰকাৰৰ দুখ পালে অথবা ফোঁহা হোৱাৰ কাৰণে।

- হৰমোন হোৱা বৈ যোৱাৰ বাবে।
- ওজন অত্যাধিক হ্ৰাস হোৱাৰ বাবে।
- মানসিক আঘাত আৰু অধিক ব্যায়ামৰ বাবে।

পৰিক্ষা ঃ ইয়াৰ পৰিক্ষা কুশল চিকিৎসকৰ দ্বাৰা কৰিব লাগে, পিছত আদেশানুসাৰে চিকিৎসা কৰিব লাগে।

2. ছেকেন্ডাৰী এমনোৰীয়া ঃ যদি কোনো স্ত্ৰীৰ নিয়মিত মাহেকীয়া ধৰ্ম হৈ আছে আৰু হঠাতে ৬ মাহ বা তাতোধিক সময় মাহেকীয়া বন্ধ হৈ যায়, তাক ছেকেণ্ডাৰী এমনোৰীয়া বুলি কোৱা হয়।

দুগ্ধপান কৰোৱা স্ত্রীৰ কম সময়ত মাহেকীয়া ধৰ্ম নহয়। কম সময়ত দেখা গৈছে যে হায়পোথৈলেম্স আৰু পিটিয়ুটৰি নামৰ গ্রন্থিৰ কার্য সমতাৰ ইফাল-সীফাল হলে মাহেীয়া ধৰ্ম বাধাগ্রস্থ হয়।

অন্য কাৰণ ঃ

- ওজন অত্যাধিক হ্রাস হোৱাৰ বাবে।
- মানসিক অসন্তুলন।
- অ'ডকোষত হৰমোন শ্রৱে কাম নকৰিলে।
- মধুমেহ হলে।

পৰিক্ষা ঃ এই চিকিৎসা কৰিবলৈ কম টেষ্ট কৰিব লাগে। ইয়াক কোনো যোগ্য ডাক্তৰৰ দ্বাৰা কৰিব লাগে।

●●●

বীৰ্য আৰু শুক্ৰৰ ভেদ

কিশোৰ-কিশোৰী সাধাৰণতে বীৰ্য আৰু শুক্ৰৰ ভেদ কৰাৰ বাবে ভ্ৰমিত হৈ যায়। বিবাহৰ পিছত ই তেওঁৰ জীৱনত এক মূখ্য ভূমিকা গ্ৰহণ কৰে, অতঃ আৱশ্যক হয় যে ইয়াৰ বিষয়ে জানি লওক।

সম্ভোগ কৰা সময়ত পুৰুষ যেতিয়া স্খলনৰ অৱস্হাত থাকে তেতিয়া তেওঁৰ মুত্ৰ্-মাৰ্গত শুক্ৰ প্ৰণালী তথা শুক্ৰাশয়ৰ পৰা ওলোৱা মিশ্ৰিত কণিকা আহি যায় তেতিয়া প্ৰোষ্টেতৰ পৰা বনা 'স্পৰ্মিনযুক্ত' তৰল পদাৰ্থ তথা শিশনমুল গ্ৰন্থি আৰু মুত্ৰ মাৰ্গৰ গ্ৰন্থিৰ তৰল শ্ৰৱ মিলি যায়। এই প্ৰকাৰে স্ত্ৰীৰ যোনীত স্খলীত হোৱা এই সামূহিক তৰল পদাৰ্থকে বীৰ্য বুলি কোৱা হয়।

শুক্ৰ গ্ৰন্থিত অৰ্থাৎ অণ্ড-গ্ৰন্থিৰ পৰা নিৰ্মিত হোৱা পদাৰ্থকে শুক্ৰ বুলি কোৱা হয়।

প্ৰচীন মান্যতা এতিয়াও প্ৰচলিত আছে যে ৰক্তৰ 40 টোপালৰ পৰা এক টোপাল ৰক্ত বনে। যি ধৰণে গাখীৰত চামনি লুকাই থাকে, সেই প্ৰকাৰে এই বীৰ্যও গোটেই শৰীৰত সোমাই আছে, যি ধৰণে গাখীৰ মথি পেলাই মাখন বনোৱা হয়, সেই প্ৰকাৰে সম্ভোগ-ক্ৰিয়াৰ পৰা শৰীৰৰ মন্থন হৈ বীৰ্য ওলাই। কিন্তু আজিৰ জ্ঞানিসকলে এই প্ৰচীন মান্যতাক খণ্ডিত কৰি দিছে। নৱ শৰীৰ-বিজ্ঞান অনুসাৰে কেৱল বীৰ্য শৰীৰত গঠিতই নহয় বৰঞ্চ ৰক্তৰ 40 টোপালৰ পৰা এক টোপাল বীৰ্য গঠন নহয়। তেওঁলোকৰ মতে বীৰ্য কেৱল অণ্ড-গ্ৰন্থি, শুক্ৰাশয়, পৌৰুষ গ্ৰন্থি আৰু কাউপৰ গ্ৰন্থিৰ সামূহিক শ্ৰাৱৰ পৰা উৎপন্ন হয়।

ভাৰতৰ প্ৰচীন মান্যতা আছে যে বীৰ্যত অনেক সমান প্ৰাণী উৎপন্ন কৰাৰ ক্ষমতা আৰু শক্তি আছে। সেয়ে স্বভাৱত আৰু অসাধাৰণ ৰূপত এক শক্তিশালী পদাৰ্থ হয়। আধুনিক ৰসায়ন

পণ্ডিতৰ অনুসাৰে বীৰ্যত 3 শতাংশ অক্সাইড অফ প্ৰোটিন 5 ভাগ ফচফেট অফ লাইন কিছু অংশ ফচফৰাচৰ তথা কিছু ভাগ ফচফেট থাকে।

ইয়াৰ বাহিৰেও 80-90 শতাংশ পানী থাকে।

শিশনৰ স্বভাৱিক অথবা অস্বভাৱিক ভাৱে পিহিলে বীৰ্য এটোপ দুটোপকৈ উলায় আৰু এইটো পানীতকৈ বেছি ওজনৰ হয়। ই আঠা জাতীয় আৰু ডাঠ পদাৰ্থ হয়।

কিশোৰৰ মনত এই প্ৰশ্ন অৱশ্যে উঠে যে বাৰে বাৰে মৈথুন কৰিলে কিমান বীৰ্য নষ্ট হয়?

বৈজ্ঞানিকৰ ধাৰণা যে এবাৰ মৈথুনত কমেও 15 গ্ৰামৰ সমান বীৰ্য উলায়। এই বীৰ্যত শতাংশত 8 গ্ৰাম শুদ্ধ হয় আৰু বাকী একে ৰঙৰ শ্বেত পদাৰ্থ থাকে যি ফচফেট আদি গ্ৰন্থিৰ পৰা গঠিত হয় আৰু পিছত মৈথুনৰ সময়ত ইয়াৰ গৈতে মিলিত হয়।

বীৰ্য পৰীক্ষণ কৰা সকলে সূক্ষ্মবীক্ষণ যন্ত্ৰৰে চাই এই গম পোৱা গৈছে যে ইয়াত লাখ লাখ সংখ্যাত সূক্ষ্মতিসূক্ষ্ম বীজাণু থাকে। বীৰ্যৰ এই বীজাণুক শুক্ৰকীট, শুক্ৰাণু বা বীজাণু বুলি কোৱা হয়। ইয়াৰ মান্যতা হয় যে মানুহ যিমানেই অধীক বলবান আৰু নিৰাগী হয় তেওঁৰ বীৰ্যত সিমানেই অধিক সংখ্যাত বীৰ্যৰ বীজাণু সৱল ৰূপ লয়। নিৰ্বল আৰু ৰোগী মানুহৰ বীৰ্যত এই বীজাণুৰ সংখ্যা কিছু কম হয়। ইয়াৰ উপৰিও এই বীজাণু পাতল আৰু দূৰ্বল হয়। যি ধৰণে মাছে পানীত সাঁতুৰে সেই প্ৰকৰে এই বীজাণু তৰলত সাঁতুৰি থাকে।

শুদ্ধ বীৰ্যৰ শুক্ৰাণু সৱল ফূৰ্তিদায়ক আৰু তীব্ৰ গতি কৰা হয়। ই সন্তান উৎপন্ন কৰাত সামৰ্থ্য হয়। বীৰ্যত এক বিশেষ প্ৰকাৰৰ গোন্ধ থাকে। কিছু বৈজ্ঞানিকৰ মতে ই কিছু অধিক কাঢ়া হয়। বীৰ্যৰ গোন্ধত স্হানীয় জলবায়ুৰ প্ৰভাৱে পৰে। কিছু বিশেষজ্ঞৰ মতে অধিকাংশ পুৰুষৰ বীৰ্যৰ গোন্ধ মৈথুনৰ পিছত স্ত্ৰীৰ উশাহলৈ আহে। এই গোন্ধ 14 মিনিটৰ পৰা এক ঘণ্টালৈ থাকিব পাৰে।

সাধাৰণতে স্ত্ৰীক স্বাস্হ্যৱান পুৰুষৰ বীৰ্যৰ গোন্ধ প্ৰিয় হয়। লগতে স্ত্ৰীক কোনো ব্যক্তি বিযেশৰ বীৰ্যৰ গোন্ধ বেয়া বুলি ধৰিব পাৰে। কেতিয়াবা পাশ্চাত্য দেশত এনে শুনিবলৈ পায় যে এই

কথাত স্ত্রীক বিবাহ বিচেছদ কৰি দিয়ে। তাত স্ত্রীৰ প্ৰায় এইটো তর্ক হয় যে তেওঁৰ পতিৰ বীর্যত এনে দূৰ্গন্ধ আছে যে তেওঁৰ কাৰণে মৈথুন কৰাৰ ইচছাও সমাপ্ত হৈ যায়। এই কাৰণে তেওঁৰ মানসিক সন্তুলন ভাঙি পৰে আৰু তেওঁ অতৃপ্ত হৈ যায়।

বীর্য গঠিত হোৱাৰ অৱস্হা কি? এই বিষয়তো কিশোৰে বিশেষ জিজ্ঞাসু থাকিব

এই বিষয়ে বৈজ্ঞানিকৰ বিচাৰ বেলেগ বেলেগ হয়। কিছুমানৰ মতে মানুহে যৌৱন অহাৰ সময়ত বীর্য গঠিত হয়। ইয়াৰ বিপৰীতে কিছুমানে মানে যে যেতিয়া মানুহ কিশোৰ অৱস্হাত থাকে, তেতিয়াৰ পৰাই তেওঁৰ বীর্য বনা আৰম্ভ হৈ যায়। ভাৰতীয় চিকিৎসা পদ্ধতীৰ অনুসাৰে সন্তান উৎপন্ন হোৱাৰ পিছতে তেওঁৰ বীর্য সৃষ্টি হোৱাৰ আৰম্ভ হৈ যায় আৰু মৃত্যু পর্যন্তি কিবা নহয় কিবা মাত্ৰাত সৃষ্টি হৈ থাকে।

যেনে এক আধা ফুলা ফুলত সুগন্ধ থাকে কিন্তু বাহিৰৰ পৰা আমি ইয়াক নাজানো। যেতিয়া এইটো ফুলৰ ৰূপত পৰিৱৰ্তন হয় তেতিয়া আমি ইয়াৰ গোন্ধৰ বিষয়ে জানো। সেই ধৰণে বালকৰ তাত বীর্য স্হিত হয়। বাল্য অৱস্হাত বীর্য অপৰিপক্ক হোৱাৰ বাবে বালকৰ নিজৰ সৌম্য স্বভাৱৰ বাবে বীর্যক নিজৰ শৰীৰতে গঠিত কৰি থাকে। চৈধ্য পোন্ধৰ বর্ষৰ আয়ুস আৰু কমেও যি আয়ুসত তেওঁৰ বীর্য স্খলিত হব ধৰে, তেতিয়াৰ পৰাই বালকৰ শৰীৰ বৃদ্ধিতো বাধা আহি যায়।

বীর্যত উপস্হিত থকা শুক্ৰাণু আকাৰত দীঘল হয়। ইয়াৰ মূৰটো চেপেটা হয় আৰু আকাৰ সাপৰ দৰে হয়। ইয়াৰ মূৰৰ দৈর্ঘ্য এক ইঞ্চিৰ দহ ভাগৰ এক আৰু বহলো ইমানেই হয়। ইয়াৰ নেজ এক ইঞ্চিৰ দুইৰ পৰা তিনি হাজাৰ ভাগলৈকে দীঘল বুলি মনা যায়। এই বীর্য্যাণু সজীৱ হয় আৰু এই প্ৰকৰে বীর্য চলা ফুৰা কৰে, যেনে পানীৰ মাছৰ পোৱালী সাঁতুৰে। ইয়াৰ গতি সদায় আগৰ ফালে হয়। এই নেজৰ বলত তীব্ৰতাৰে গতি কৰে। পাশ্চাত্য চিকিৎসকৰ মতে এবাৰ মৌথুনত এক কোটি আশি লাখৰ পৰা বাইশ কোটি সাত লাখলৈ বীর্য বীজাণু উলোৱা কৰে। ইয়াৰে মাত্ৰ এটা শুক্ৰাণু গৰ্ভত বাস কৰে।

●●●

সম্ভোগ কলা

প্রত্যেক কিশোৰ কিশোৰীয়ে বিবাহৰ পিছত সম্ভোগ কলাত ব্যস্ত থাকে। সম্ভোগৰ প্ৰতি তেওঁলোকৰ মনত অনেক আশা, ভয়, আৰু ধাৰণা থাকে। ইয়াৰ বিষয়ে যদি প্ৰথমতে জানি লোৱা যায় তেতিয়া বৈবাহিক জীৱন আনন্দময় হয়।

সম্ভোগ কলাত অৰ্ন্তগত পুৰুষ আৰু স্ত্ৰীৰ বাবে সম্ভোগৰ বাবে উচিত, বাতাবৰণ প্ৰস্তুত কৰিব লাগে। সম্ভোগ কক্ষ একান্ত হব লাগে। সম্ভোগ- শৰ্য্যাত কোমল সুখদায়ক আৰু সুন্দৰ বস্ত্ৰৰে পাৰা থাকিব লাগে। এই স্হান ৰুচি অনুসাৰে সুগন্ধযুক্ত হব লাগে। সম্ভোগৰ সময়ত ঋতুৱে বিশেষ যোগদান দিয়ে। বসন্ত আৰু শীত ঋতু সম্ভোগৰ ইচছা সাধৰৰণতে প্ৰখৰ হৈ উঠে।

সম্ভোগৰ মূখ্য উদ্দেশ্য আজিকালি গৰ্ভ ধাৰণ নহয় বৰং আনন্দ প্ৰাপ্তি হৈ গৈছে- ই এক নৈসৰ্গিক ধাৰণাও হয়। সম্ভোগত পূৰ্ণ কামউত্তেজনা আৰু প্ৰেমৰ পূৰ্ণ উদ্দেক হব লাগে, বাস্তৱত ই জনেন্দ্ৰিয় ক্ষণিক সংঘৰ্ষ নহয় বৰং চৰণ বদ্ধ কাম কলাৰ এক অধ্যায় হয়।

প্ৰাচীন জ্ঞানী সকলে কামক কলা বুলি কৈছে, যত ক্ৰমবদ্ধ ধঙেৰে আগবাঢ়ি স্ত্ৰী পুৰুযে পৰম আনন্দৰ ভোগ কৰিব পাৰে।

কাম ক্ৰিড়াত কেতিয়াও শীঘ্ৰতা কৰিব নালাগে। প্ৰথম ৰাতি আৰম্ভতে মিঠা মিঠা কথা, পিছত চুম্বনলৈ আহক। বাৎসায়নে মূৰ, চুলি, কপাল, চকু, বুকু, স্তন, তলৰ ওঁঠ, আৰু জীভা চুম্বনৰ স্হান বুলি কৈছে। যোনীৰ অগ্ৰভাগ, কৰঙণ, নাভি, স্তনাগ্ৰ, হাতৰ তলুৱা, ডিঙি, মূৰ, চকু, কাণ, মস্তক আদিৰ সৰ্বংগৰ পৰা কামৰ উদয় হয়। স্ত্ৰীৰ যোনীত সম্ভোগ ইচছা জন্ম কৰা 24 টা বিধি আছে। তেওঁলোকৰ নিৰ্গম স্হানক ভগনাসা বুলি হয়। ইয়াক

আঙুলিৰে পিহিব লাগে। যুৱতিসকল কেৱল আঙুলিৰে তথা ডাঙৰ সকলে আঙুলি তথা লিঙ্গৰে পিহিব লাগে। স্ত্ৰীক অত্যন্ত আৰু শীঘ্ৰেই উত্তেজিত কৰিবৰ বাবে স্তন আৰু ভগনাসাক পিহিব লাগে। ভগনাসা স্ত্ৰীৰ কামেচ্ছাৰ আচল অঙ্গ হয় যাৰ পৰা স্ত্ৰী বাসনাত বসীভুত হৈ যায়। এই যন্ত্ৰ স্ত্ৰী-যোনীৰ ভিতৰত হয়। সেয়ে ইয়াক পিহিবলৈ পুৰুষক স্ত্ৰীৰ যোনীত আঙুলি দি তাক পিহিব লাগে। এক অন্য প্ৰকাৰ এয়া হয় যে ভগনাসাক এই সময়ত পিহিব লাগে যেতিয়া লিঙ্গ যোনীত প্ৰৱেশ কৰে। যোনী মাৰ্গত লিঙ্গ সোমোৱাৰ আগতে পুৰুষে কোণ সলায় এই ভগনাসাত পিহিব লাগে। এই কাৰ্য পুৰুষক প্ৰেম ক্ৰিৰাৰ শেষত আৰু সম্ভোগ ক্ৰিয়াৰ কিছু আগতে কৰিব লাগে। যদি পুৰুষে এই সকলো কথাক মন নিদিয়ে, কেৱল নিজৰে বাসনাৰ তৃপ্তি লৈ তেতিয়া স্ত্ৰী অৰ্ধ-উত্তেজিত থাকে, যাৰ দ্বাৰা দুয়োৰে প্ৰেম আকৰ্ষণ কমি যায়। সাধাৰণতে প্ৰথম সম্ভোগত পুৰুষৰ শীঘ্ৰে স্খলীত হৈ যায়, তাৰ পিছত দেৰিকৈ ওলাই। স্ত্ৰীৰ নিয়ম ইয়াৰ বিপৰিত হয়। প্ৰথমতে দেৰিকৈ সন্তুষ পায়, পিছত শীঘ্ৰেই সন্তুষ পাব ধৰে। কেতিয়াবা অত্যন্ত চেষ্টা কৰাৰ পিছতো কামোদ্ৰেক ঠিকে-ঠিকে নহয় আৰু যোনী-ৰস প্ৰাপ্ত নহয়, তেতিয়া বেসলীন বা কোনো পিচলিয়া বস্তু লিঙ্গত লগায় সম্ভোগ কৰিব পাৰে।

পুৰুষক বুজি লোৱা উচিত যে স্ত্ৰীৰ ভগনাসাৰ পিহনিত যি আনন্দ প্ৰাপ্ত হয়, ই সেই আনন্দতকৈ ভিন্ন হয় যে যি যোনীমাৰ্গৰ ঘৰ্যণ আৰু গৰ্ভাশয়ৰ মূখত লিঙ্গৰে লগ কৰিলে মিলিত হয়। যেতিয়া স্ত্ৰী কম আশাৰে আলিঙ্গন কৰিব ধৰে, অঙ্গত কপনি হৈ যায় আৰু শৰীৰত শিহৰণ উৎপন্ন হৈ যায়, চকুত তৃপ্তি আহি যায়, উঠ তথা শৰীৰত উচপিচনি ধৰে, যোনী ভিতৰৰ পৰা তিতি যায় আৰু পুৰুষে বুজি লোৱা উচিত যে পুৰ্ণ সম্ভোগৰ সময় আহি যায়।

যেতিয়া পতি-পত্নিয়ে স্বাভাৱিক কামোদয় হয়, তেতিয়া দুয়োটাই সহবাসৰ আনন্দ লয়। মানুহ এক পবিত্ৰ জীৱ আৰু শান্তি প্ৰিয় প্ৰাণী হয় আৰু কোনো কথাতে তেওঁক দুৰাচাৰি বুলিব নোৱাৰি। কামবাসনা এক প্ৰকাণ্ড শক্তি হয় আৰু ইয়াক উপদেশ আৰু কৃত্ৰিম উপায়ৰে

বলপূৰ্বক তল কৰিলে সিমানে ভয়ানক হব, সেয়ে ইয়াৰ এটাই সচাঁ আৰু সুগম মাৰ্গ আছে যাৰ তৃপ্তি সদায়ে প্ৰাকৃতিক ভাৱে লব লাগে।

যৌন সমাগম প্ৰস্টুত কৰা সময়ত নাৰীৰ অঙ্গত কি-কি পৰিবৰ্তন হয় ?

যোনীৰ আকাৰ এক দীঘল চিলিণ্ডাৰ বা বেৰলৰ দৰে বুলি কব পাৰি। যি সময়ত স্ত্ৰী কামোত্তেজিত অৱস্হাত নাথাকে, সেই সময়ত এক পাম যোৱা টিউৱৰ দৰে ইয়াৰ দুয়ো কাষ প্ৰায় লগ-লাগি থাকে। যেতিয়া নাৰীৰ কামোত্তেজিত হৈ উঠে তেতিয়া চিলিণ্ডাৰৰ দৰে যোনী খুল খাই যায় আৰু ইয়াৰ আকাৰো বাঢ়ি যায়। যোনীৰ ভিতৰত দুই-তৃতিয়াংশ ভাগ মূখ্যত গৰ্ভশিয়-গ্ৰীবাৰ ওচৰত আৰু ফাল খাই যায়।

ভগ প্ৰদেশ আৰু যোগনীৰ ৰক্তলৈ অহা ধমনী ফাটি যোৱাৰ কাৰণে ভগস্ত তথা লঘু ভগস্তৰ স্পঞ্জৰ দৰে ৰচনাত ৰক্ত ভৰি যায়, যাৰ বাবে যোনীৰ আগৰ এক তৃতীয়াংশ যি এতিয়া অলপ খুলি যায়, ফুলিও যায়। যোনীৰ দোৱাৰত ৰক্ত ভৰি যোৱাৰ বাবে ইমান ফুলি যায় যে যোনী মাৰ্গ এতিয়া আগতকৈ কম মাত্ৰাত ঠিয় হৈ যায়। লঘু ভগস্ত ৰক্তৰে ভৰি যোৱাৰ বাবে ডাঠ ৰঙা ৰঙৰ হৈ যায়। যোনীৰ আগত এক তৃতীয়াংশ ভাগ ৰক্ত ভৰি যোৱাৰ কাৰণে বিশেষ ৰূপত ফুলি যায়, ইয়াক যৌন বিজ্ঞানৰ পৰিভাষাত চৰমৌৎকৰ্ষীয় মঞ্চ বুলি কোৱা হয়, কাৰণ স্ত্ৰীয়ে অধিক আনন্দ এই ভাগত শিশনৰ ঘৰ্ষণ হলে প্ৰাপ্ত হয়। শিশনত ৰক্ত ভৰি গলে উঠি যায় আৰু অলপ আগলৈ যায়। আৰু বাৰ্থেলিন গ্ৰন্থি, যি যোনী দোৱাৰত প্ৰহৰা দি থাকে, একো নকৰে। সংসাৰৰ অধিকাংশ ডাক্টৰে এতিয়াও এই মত্ত দিয়ে যে যৌন সমাগমৰ সময়ত এই গ্ৰন্থিবোৰে যোনীত এক অত্যান্ত পাতল শ্ৰাৱ উলায় যাৰ বাবে সমাগম সুবিধাজনক হব পাৰে- কিন্তু আধুনিক অনুসন্ধানৰ পৰা গম পোৱা গৈছে যে কামোত্তেজনাৰ সময়ত যোনীৰ দোৱাৰত ৰিস ৰিস কৰি এই মহত্তপূৰ্ণ দ্ৰব্য আহে আৰু সম্পূৰ্ণ যোনী পিচল কৰি তোলে। এই সময়ৰ গৰ্ভাশয় আৰু গৰ্ভাশয়-গ্ৰীৱা, যি অসাধাৰণ অৱস্হাত পেডুৰ ফালে হালি পৰে, তাৰ পিছত নিজৰ স্হানত ঠিয় হৈ থাকে।

নাৰীৰ যৌন সংবেদনাৰ কেন্দ্ৰ শিশিনকা হয়। এইটো সাধাৰণতে মটৰৰ গুটিৰ সমানে দেখা পায় আৰু মূত্ৰ দোৱাৰত প্ৰায়ে এক ইঞ্চি ওপৰত থাকে। পুৰুষ- শিশন- মুড়ৰ দৰে ইয়াৰ ওপৰতো মুড- চৰ্ম থাকে, কিন্তু ইয়াক অলপ পিছত কৰিব পৰা যায় যাতে শিশিনকা- মুড দেখা পায়। যদিও শিশনৰ অপেক্ষাত এইটো কমত সৰু হয়, কিন্তু ইয়াত তন্ত্ৰিকা অন্তাংগ আৰু সংবেদন গ্ৰাহি তন্তুৰ সংখ্যা সিমানেই হয়- যিমান পুৰুষৰ শিশনত। ইয়াৰ সেক্সৰ টাইম বম বুলি কোৱা হয় যাক বিস্ফুট কৰাৰ বাবে ফিউজৰ তাৰো লগা আছে। শিশিনকাৰ ফিউজৰ এক জোৰা বাস্তৱতো থাকে। লঘূ ভগস্তৰ মূৰৰ পৰা যোনীৰ ভিতৰৰ ফালে দৰ খাই তেতিয়া নিজে নিজে মুড চৰ্ম আৰু শিশিনকাকো নিজৰ ফালে টানে। যেতিয়া শিশন বাহিৰ আহে তেতিয়া ভগস্ত স্বাধীন হৈ যায় তথা মুড চৰ্ম সেই প্ৰকাৰে অগ পিছকৈ পিচলিব ধৰাৰ বাবে শিশিনকা উত্তেজিত হয় আৰু অধিক ফুলি যায়। এই সময়ত শিশন ভগস্ত, যোনী তথা ওচৰৰ অংগ সমূহক মালিচ কৰি থাকে। যদি সকলো কাম ঠিক হৈ থাকে তেন্তে স্ত্ৰী কামোৰস্হাৰ শিখৰত গৈ পায়।

●●●

প্ৰথম ৰাতি

প্ৰথম ৰাতিৰ বিষয়ে কিশোৰ কিশোৰীৰ মনত ভয় আৰু কিমান যে কি ভাৱ হয়। এই বিষয়ে তেওঁলোকৰ সৈতে খালী শুনা কথাহে আছে। যদি ইয়াৰ বিষয়ে বৈজ্ঞানিক আহিলাৰ বিষেয় জানিলে এই ৰাতি কিছু অধিক সহজ ভাৱে জীয়াব পাৰিব।

প্ৰথম ৰাতিৰ বিষয়ে- ভোগ আৰু কাম পাৰ কৰা ৰাতিয়েই নহয় বৰং ই প্ৰেম সূত্ৰত বান্ধ খাই দুয়োৰে হৃদয়ত প্ৰথম মিলনৰ ৰাতি হয়। ই এনে এক ৰাতি হয় যতনেকি নতুন সৃষ্টিৰ উৎপন্ন কৰাৰ বাবে স্ত্ৰী আৰু পুৰুষৰ প্ৰথম মিলতন হয়। কইনা লাজৰ বাবে তল হৈ থাকে, কিন্তু এনে সময়ত অজ্ঞানতাবশে সোনকাল কৰিলে আৰু এই সোনকাল কৰা পিছলৈ দুখৰ কাৰণ বনিব পাৰে। পত্নীয়ে নিজৰ পতিক নিদয়ী তথা শিং আৰু নেজ নথকা জন্তু বুলি ভাৱিব ধৰে।

প্ৰথম ৰাতিৰ আনন্দ

পতিক লাগে যে প্ৰথমে স্ত্ৰী প্ৰেমালাভ, হাস্য বিনোদ আদি কথা কৈ চেতন কৰে, যাতে তাইৰ মন এই কামৰ প্ৰতি যায়। প্ৰথম ৰাতিয়ে নিজৰ জীৱন সংগীনিক কাম শাস্ত্ৰৰ শিক্ষা দিব লাগে আৰু তেওঁক প্ৰচীন উচচ পুৰুষৰ জীৱন চৰিত্ৰও শুনাব লাগে। ইয়াৰ দ্বাৰা আগবাঢ়ি আপুনি নিজৰ জীৱনক সুখ শান্তিৰে পাৰ কৰিব পাৰিব। গৃহস্তক স্বৰ্গ বনোৱাৰ বনোৱাৰ সকলোতকৈ দাঙৰ উপায় হল যে আপুনি পত্নীৰ সৈতে নিৰ্দয়ভাৱে ব্যৱহাৰ নকৰে। তেওঁক প্ৰসন্ন কৰি তেওঁ প্ৰসন্ন হোৱা মুলবিলাক বিচাৰক।

গৃহস্হ জীৱনত প্ৰৱেশ কৰা এইটো প্ৰথম অধ্যায় হয়। ইয়াত পত্নীৰ অপেক্ষা দৰাক অধিক সন্তুলন সুবুদ্ধি আৰু স্ব হৃদয়তাৰ সৈতে ব্যৱহাৰ কৰিব লাগে, কাৰণ কইনা নতুনকে আহে। ভয়, সংকোচ

লজ্জাৰ আৱৰণ তেওঁৰ তাত ভৰি থাকে- কিন্তু ইয়াৰ তাৎপৰ্য্য এইটো নহয় যে কইনা প্ৰথম ৰাত্ৰিৰ আনন্দ অনুভূতিত অপ্ৰিয় ভাগ নলয়। বাস্তৱত মধুৰ মিলনৰ ৰাত্ৰিক আনন্দ প্ৰিয় বনোৱাৰ বাবে বৰ আৰু বধু দুয়োটাই সক্ৰিয় ভাগ লব লাগে।

পুৰুষক এইটো ধ্যানত ৰখা উচিত যে তেওঁৰ পত্নী বৰ্তমান নিতান্ত অপৰিচিত হয়। প্ৰথম মিলনৰ প্ৰতি তেওঁৰ মনত ভয় থাকে। অলেখ ধৰণৰ বিচাৰ তেওঁৰ মস্তিষ্ক ঘূৰি থাকিব পাৰে- ইয়াৰ বাহিৰেও তেওঁৰ সখীয়ে প্ৰথম ৰাত্ৰিৰ বিষয়ে প্ৰত্যেক প্ৰকাৰৰ শিক্ষা দিয়ে তথাপিও মনত এটা ভয় ভাৱ থাকে যে তেওঁৰ লগত কি হব ?

সেয়ে পুৰুষৰ পৰম কৰ্তব্য হয় যে বিভিন্ন বিচাৰত পুট খাই থকা বধুক প্ৰেম আৰু মৰমেৰে বুজাই নিজৰ অনুকুল কৰাটো। যি পুৰুষে সোনকালে কৰে তেওঁলোকে সম্ভোগকে বিবাহৰ উদ্দেশ্য মানি লয়, তেওঁলোকে ভুল কৰে আৰু আগলৈ গৈ পৰিতাপ কৰে। কোনো লোকে এনেদৰে ভাৱে যে যিমান অধিক বাৰ সম্ভোগ কৰা হয়, স্ত্ৰী সিমানেই তেওঁৰ অধিন হব কিন্তু এইটো ফিলচফিও সম্পূৰ্ণ ভুল হয়।

প্ৰথম ৰাত্ৰিক এই প্ৰকাৰে পশুৱত সম্ভোগ কৰাটো সৎভাৱ নহয় অসৎভাৱ হয়।

ছোৱালীৰ যোনীত সংকুচিত হয় তথা ইয়াৰ ভিতৰত এক পৰ্দা থাকে, ই পুৰুষৰ শিশনৰ ভেদৰ পৰা ফাটি যায় আৰু তেজ উলাব ধৰে, সেইকাৰণে তেওঁ কম বিষ অনুভৱ কৰে। সেয়ে প্ৰথম বাৰ শিশনত তেল লগাই লাহে লাহে যোনীত প্ৰৱেশ কৰাব লাগে আৰু ইয়াৰ পিছত স্ত্ৰীক বিশ্বাসত লৈ কামক্ৰিড়ালৈ আগবাঢ়িব লাগে। এই ধৰণে স্ত্ৰীৰ লাজ ভয় কম হৈ যায় আৰু তেওঁ জনা নজনাকে সম্ভোগ ক্ৰিয়াৰ ফূৰ্তি লোৱা আৰম্ভ কৰে।

সম্ভোগৰ বিধি

সম্ভোগ ক্ৰিয়া আৰম্ভ কৰা এনে কমত বিধি আছে, কিন্তু ব্যক্তিয়ে নিজৰ সুবিধা অনুসাৰে বিধিৰ প্ৰয়োগ কৰিব পাৰে। ইয়াত আমি মৈথুনৰ কিছু মূখ্য বিধিৰ বৰ্ণন কৰি আছে-

উপসৃপ্তক - ই মৈথুনৰ সাধাৰণ বিধি হয়। ইয়াত লিংগ যোনীত দিয়া হয় আৰু লাহে লাহে ঠেলি দিয়া হয়। কাম ক্রিয়া অধিক বাঢ়িলে ঠেলি দিয়াৰ বেগ আৰু গতি বাঢ়ি যায় আৰু এইটো ক্রম বীর্য পাত হোৱলৈ থাকে।

মন্থন - ইয়াত পুৰুষে নিজৰ হাতেৰে লিংগ ধৰি যোনীত ভৰাই দিয়ে আৰু ইয়াক ভিতৰলৈ লৈ এনে প্রকাৰে ঘূৰাই যেনে দৈ মথি আছে।

হূল - ইয়াত স্ত্রীয়ে নিজৰ ককাল তল কৰি লয় আৰু তেতিয়া পুৰুষে একে ঠেলাতে গোটেই লিংগ ভিতৰলৈ সোমাই দিয়ে। ইয়াত লিংগ আধাহে যায়।

অৱমৰ্দন - ইয়াত স্ত্রীয়ে কৰঙণ ওপৰ কৰি লয় আৰু তেতিয়া পুৰুষে একে ঠেলাতে লিংগ ভিতৰলৈ সোমাই দিয়ে।

পিড়িতক - ইয়াত লিংগক একেঠেলাতে গোটেইটো সোমোৱাই জেৰেৰে মৈথুন কৰা যায়।

নিৰ্ঘাত - ইয়াত পুৰুষৰ লিংগক একেবাৰে সোমাই এই ধৰনে বাহিৰলৈ উলিয়াই দিয়ে যৰ পৰা শিশন মুণ্ড ভিতৰতে থাকে আৰু পিছত ঠেলি দিয়ে। এই ক্রমক নিৰ্ঘাত বুলি কোৱা হয়।

বৰাহঘাত - ইয়াত লিঙ্গ ঠেলি দি যোনীৰ দুৱাৰত অধিক বল দি মৈথুন কৰা হয়।

বৃষাঘাত - ইয়াত উক্ত প্রকাৰত পাল পাল কৈ দুয়ো টপিনাত জোৰ দি কৰা হয়।

চতবিলসিত - ইয়াত লিঙ্গক গোটেইটো সোমাই, পিছত বাহিৰ ওলায় উপৰ-তল, ইফালে-সীফালে কৰি কৰা হয়।

সম্পুট - ইয়াত সামান্য ভাৱে সম্ভোগ কৰা হয়, কিন্তু যেতিয়া পুৰুষৰ বীর্যপাত হব ধৰে তেতিয়া স্ত্রীয়ে নিজৰ দুই কৰঙনৰ মাজত লিঙ্গ লৈ জোৰ দিয়ে, সেয়ে লিঙ্গ যোনীৰ ভিতৰত খামুচ খাই ধৰে।

সন্দংস - ইয়াত স্ত্রীয়ে উপৰলৈ উঠি পুৰুষৰ লিঙ্গত নিজৰ যোনী সুমুৱাই লৈ আৰু পিছত পিহি পেলাই মৈথুন ক্রিয়া কৰে।

ভ্ৰমৰক - ইয়াত স্ত্ৰীয়ে লিঙ্গক যোনীৰ ভিতৰত লৈ এনে প্ৰকাৰে ঘূৰে যেনে কুমাৰৰ চাকহে হয়। ইয়াৰ বাবে পুৰুষে নিজৰ টপিনা ওপৰ কৰি থাকে।

পেখোলিতক - ইয়াত ওপৰৰ স্হিতিতে পুৰুষে নিজৰ তলৰ ভাগক ইফালে-সীফালে ঘূৰাই।

উপৰৰ শেষৰ তিনিটা বিধিক বিপৰিত ৰতি-ক্ৰিয়া বুলি কোৱা হয়। বিপৰিত ৰতি-ক্ৰিয়াৰ সময়ত যেতিয়া স্ত্ৰী ভাগৰি পৰে তেতিয়া তেওঁ তেনেকৈ লিঙ্গক যোনীৰ ভিতৰত ৰাখি, নিজৰ মূৰতো পুৰুষৰ মূৰত ৰাখি বিশ্ৰাম কৰে। যেতিয়া ভাগৰ আতঁৰে তেতিয়া পুৰুষে উপৰত আহি মৈথুন কৰে।

ৰজস্বলা, গৰ্ভৱতী, মৃগী আৰু শকত স্ত্ৰীক কেতিয়াও বিপৰিত ৰতি কৰিব নালাগে।

ইয়াত মৈথুন আৰু সম্ভোগ শব্দৰ বাস্তৱিক অৰ্থ বুজি লোৱা আৱশ্যক হয়। মৈথুনত স্ত্ৰীৰ কথা বা সহমতিৰ মহত্ব নাথাকে। ই পশুৰতো হব পাৰে যতনেকি সম্ভোগ মিলা-জুলা কাৰ্য হয়।

●●●

কিশোৰাৱস্থাত লব লগা সাৱধানতা

যি ধৰণে পকা ফল কেচাঁ ফলতকৈ বেছি ৰসদায়ক হয়, সেই প্ৰকাৰো যৌৱন প্ৰাপ্ত যুৱকে যৌন-সুখৰ অধিক আনন্দ লাভ কৰে। যি ধৰণে চোৰ কৰি লোৱা বস্তুৱে অপৰাধ ভাৱৰ জন্ম দিয়ে, সেই প্ৰকাৰে সমাজৰ অনুমতি নোপোৱাকৈ যৌন সংযোগত মন দিলে, অপৰাধ ভাৱৰ জন্ম লৈ আৰু ইয়াৰ বাবে জীৱনত পৰিতাপ কৰিব লাগে।

এতিয়ালৈ অধ্যয়ণ কৰি কিজোৰ-কিশোৰীয়ে বুজি লৈছে যে শৰীৰত যি পৰিবৰ্তন আহে অথবা যি এক নতুন শক্তিৰ উদয় হৈছে, ইয়াৰ কাৰণ তেওঁলোকৰ অন্তঃশ্ৰাৱী গ্ৰন্থি সক্ৰিয় হৈ যোৱা। এই গ্ৰন্থিৰ পৰা শ্ৰাৱ ওলাই এতিয়া ৰক্তৰ সৈতে মিলিব ধৰে। এই যি নতুন শক্তি শৰীৰত উৎপন্ন হয়, ই কামোন্মুখি হয় অৰ্থাত চেক্সা প্ৰতি আকৰ্শিত হয় কাৰণ যেতিয়া বাল্যৱস্থাৰ পৰা যুৱ অৱস্থাত প্ৰৱেশ কৰু তথা প্ৰকৃতিৰ পৰা ইয়াৰ উৎপাদক অঙ্গৰ পৰা কাম লব লাগে। কিছু সময়ৰ পিছত কিশোৰ-কিশোৰীয়ে বিবাহ কৰিব লাগে আৰু সন্তান উৎপন্ন কৰিব লাগে।

কাম শক্তিৰ সৎব্যৱহাৰ কৰক

কিশোৰৰ ভিতৰত যি নতুন শক্তি আছে, ই কাম শক্তি হয় আৰু ই কিশোৰ-কিশোৰীৰ আধাৰভূত অথবা মূল শক্তি হয়। এই শক্তিৰ অসৎব্যৱহাৰ হল- অপ্ৰাকৃতিক মৈথুন। ইয়াৰ সৎব্যৱহাৰ হল- কাম-চিন্তন ত্যাগ কৰি কোনো অন্য সদকৰ্মত প্ৰয়োগ কৰা। মূলশক্তিৰ এই ধাৰাক যি দিশলৈ নিয়া হয়, ই সেই দিশলৈ বৱলৈ ধৰে। যি প্ৰকাৰে মটৰৰ কাম হয়, ইয়াৰ সহায়ত গাড়ী চলে, বিভিন্ন মেচিন, ফেক্টৰিও, ফেন আদি- এই প্ৰকাৰে কিশোৰে যদি ভাৱে তেন্তে নিজৰ শক্তি চেক্সৰ পিনে দিয়ে বা অধ্যয়ণ কৰে বা অন্য কাৰ্যৰ ফালে দিব পাৰে।

কিশোৰাৱস্থাতে যৌন-কাৰ্যত আৰু কথাত লিপ্ত হৈ গলে জীৱনত সফলতা তথা উন্নতি প্ৰাপ্ত কৰাৰ আশা ধূলিশত হয় কাৰণ অধ্যয়ণ, ভাৱ-বিচাৰ, জ্ঞান প্ৰাপ্তি তথা কোনো খেলত পৰিপক্কতা পাবৰ বাবে ইয়াৰ পৰা লাগতিয়াল সময় দিব নোৱাৰে। এই সময় আৰু ঘূৰি নাহে- কিশোৰ-কিশোৰীয়ে এই কথাটো ধ্যান ৰাখিব লাগে। যিমান মহান বিচাৰক, আৱিস্কাৰক, বৈজ্ঞানিক তথা ডাঙৰ মানুহে, এই সকলোৱে এই মূলশক্তিৰ ব্যৱহাৰ কৰিছে। তুমিও বিচৰা যদি নিজকে এই শ্ৰেণীত ৰাখিব পাৰো।

সমাগম ক্ষমতা আৰু কাম শক্তি- শক্তি মানৱক প্ৰকৃতিয়ে সেইকাৰণে দিছে যে তেওঁলোকে উচিত সময় আহিলে সন্তান উৎপন্ন কৰিব পাৰে তথা এই প্ৰকাৰৰ সৃষ্টিৰ ক্ৰম চলি থাকে। এইটো শক্তি অসৎব্যৱহাৰত খৰচ কৰিবৰ কাৰণে নহয়।

খালী মগজু দস্যুৰ ঘৰ

সকলো মহান ব্যক্তিয়ে কিশোৰাৱস্থাৰ পৰা নিজকে কোনো কাৰ্য্যত লগাব পাৰিব। কিশোৰ-কিশোৰীয়ে বিচাৰে যে নিজৰ মগজু খালী কৰি নাৰাখিব কাৰণ খালী মগজু দস্যুৰ ঘৰ হয়, তাত বিভিন্ন ধৰনৰ অসৎ কথা উৎপন্ন হয়, তাত বিভন্ন ধৰণৰ অসৎ কথা থাকে।

সকলো মহান ব্যক্তিয়ে কিশোৰাৱস্থাৰ পৰা নিজকে কোনো কাৰ্য্যত সংলগ্ন কৰি ৰাখিব লাগে। নিজৰ মগজুক কেতিয়াও খালী কৰি ৰাখিব নালাগে কাৰণ খালী মগজু দস্যুৰ ঘৰ হয়। তাত বিভিন্ন ধৰণৰ খেলি মেলি কথা আহে এইটো অৱস্থাত যিকোনো ব্যক্তি যিকোনো বেয়া কাৰ্য্যৰ চিকাৰ হব পাৰে যেনে- চাদা, মদ, জুৱা, চুৰিৰ ব্যসন অথবা যিকোনো বিচ্যুতিত ৰুচি, যেনে হস্তমৈথুন, গুদা মৈথুন আদি। এই কাৰ্য্যৰ চিকাৰ বনি যিকোনো কিশোৰ বা নিজৰ পঢ়া-লিখা কৰিব, আপুনি ভৱিষ্যত বনাব।

বিশেষকৈ এইটো সময়ত নিজৰ স্বস্থ্যৰ ধ্যান ৰাখিব লাগে যে তুমি কি ধৰণৰ মিত্ৰ অথবা বান্ধৱীৰ মধ্য উঠা বহা কৰে। এই মিত্ৰৰ কথা, বিচাৰ আৰু ক্ৰিয়া-কলাপৰ প্ৰভাৱ তোমৰ জীৱনত কমত গভীৰ ৰূপত পৰে। বেয়া কাৰ্যৰ পৰা বাচক আৰু ভাল মিত্ৰক লগ ধৰক। ভাল সাহিত্য আৰু মহাপুৰুষৰ জীৱনী পঢ়িলে কামৰ প্ৰেৰণা পাব। এইটো কথাও কমত মহত্তপূৰ্ণ যে তুমি কি খেল অথবা ব্যায়ামৰ ৰুচি থাকে।

ক্ৰিকেট, হকি, ফুটবল আদি সকলোৰে শৰীৰত শক্তি উৎপন্ন কৰা খেল হয়। ব্যায়ামো মনোবৃত্তিক ভাল কৰাৰ সাধন হয়। এই সময়ত তোমাৰ শৰীৰে বৃদ্ধি প্ৰাপ্ত কৰি থাকে, অলপ ব্যায়ামে তোমাৰ শৰীৰক সুগঢ়ি আৰু পুস্হিকৰ কৰিব, পিছত লাহে-লাহে তোমাৰ হৃদয়ে এই কথা জ্ঞান কৰিব আৰু মন যাব যে তুমি এজন সুগঢ়ি যুৱক হয়। এই জীৱনত পোৱা শৰীৰ তোমাৰ গোটেই জীৱনৰ সঙ্গী ৰূপে থাকিব। নিজৰ মনক বাসনা তৰঙ্গৰ পৰা মুক্ত থাকিবলৈ আপুনি ব্যস্হ থকা কৰক।

এই সময়ত তুমি কমতো এনে কৰ্ম পাবা যত নিজৰ মন লগাব পাৰিবা যেনে তৰ্ক-বিতৰ্ক আৰু গল্প প্ৰতিযোগীতাত ভাগ লোৱা, চিত্ৰকাৰ হোৱা, নাটকত ভাগ লোৱা, ইতিহাসৰ অধ্যয়ণ কৰা, সংগীতৰ অভ্যাস কৰা, সাহিত্য ৰচনা আদি নিজৰ পঢ়াৰ বাহিৰেও খালী সময়ত তুমি যি কোনো ৰুচি পুৰ্ণ কৰা অথবা পাঠ্যক্ৰমৰ কোনো বিশেষ বিষয়তটো ৰুচি দিব পাৰে। সময়ৰ সদব্যৱহাৰ, ৰুচি আৰু অধ্যয়ণেই ভৱিষ্যতে তোমাৰ কেৰিয়াৰৰ আধাৰ স্হাপন কৰে। এই সময় চোৱা ভালকৈ পাৰ কৰিলে ইয়াৰ ফল পিচলৈ পাবা।

এটা কথা এইখিনিতে তোমাক স্পষ্ট কৰি দিও যে এই সময়ত তোমাৰ ভিতৰত যি কাম ভাৱ উদয় হয় আৰু ছোৱালীৰ প্ৰতি আকৰ্ষণ উৎপন্ন হৈ থাকে, তাত কোনো বেয়া কথা নাই, ই প্ৰাকৃতিক আৰু স্বাভাৱিক হয়, ইয়াত তুমি পাপ আৰু গ্লানী ভাৱ আনিব নালাগে। যদি এই সময়ত তুমি কামৰ প্ৰতি প্ৰবল হোৱা আৰু সেই শক্তি বেয়া কামত শেষ কৰাৰ কথা ভাবা তেতিয়া তুমি ভুল কৰিবা। কামৰ ভাৱনা বেয়া নহয় কিন্তু এনে বয়সত ইয়াৰ উপয়োগ কৰা অনুচিত হয়।

কিশোৰ-কিশোৰীসকলক আমি অপ্ৰাকৃতিক সমাগম সম্বন্ধী কম কথা কৈছো, ইয়াত আমি ইয়াকে কব বিচাৰিছো যে যদি হস্তমৈথুন বা গুদামৈথুনৰ অভ্যাস পৰি যায়, তেতিয়া ইয়াক সোনকালে বাদ দি দিব লাগে, নিজৰ ইচছা শক্তি আৰু আত্মশক্তিক প্ৰয়োগ কৰি, নিজৰ মগজু খালী থাকিব নিদি, কোনো ৰুচি বনাই লব লাগে। এই কথা ভাৱি দুখ কৰি লাভ নাই যে তুমি ইমান বাৰ হস্তমৈথুন কৰি শক্তি হেৰায় পেলাইছা। যেতিয়া হস্তমৈথুন এৰি দিব আৰু নিজৰ

লাগতিয়াল আহাৰ গ্ৰহণ কৰিবা তেতিয়া নিজে-নিজে সকলো পদাৰ্থ ঘূৰি আহিব। ভাল খাদ্য, ব্যায়াম, আদিয়ে তোমাৰ লাগতিয়াল বস্তু ওভতাই আনিব। এই সময়ত তোমাৰ শৰীৰত নিৰ্মাণ কাৰ্য ইমান প্ৰখৰ হয় যে সৰু-সুৰা ব্যতিক্ৰমে একো কৰিব নোৱাৰে।

সাৱধানতা ঃ

- একান্তত বহি কাম চিন্তা নকৰে। কামুক বাৰ্তালাপ, কামুক সাহিত্য, কামুক দৃশ্য তথা উত্তেজিত চিনেমাৰ পৰা দূৰত থকা।

- টান কাপোৰ নিপিন্ধে, যাৰ দ্বাৰা যৌনাঙ্গ পিহা খাই উত্তেজিত হৈ উঠে। একান্তত নগ্ন কে নাথাকে আৰু যৌনাঙ্গৰ সৈতে খেলা নকৰে।

- যুৱক-যুৱতীসকলে নিজৰ যৌনাঙ্গৰ চুলি কাটি ৰাখিব। চুলি বাঢ়ি গলে সেই স্থানত মইলা, গাম আদি জমা হৈ যায়। ইয়াৰ পৰা বেমাৰ হব পাৰে। ইয়াৰ বাবে বজাৰত চুলি কটা ক্ৰিমো পোৱা যায়।

- যৌনাঙ্গক চাফাকে ৰখা আৱশ্যক হয়। পেছাব কৰাৰ পিছত ছোৱালীয়ে নিজৰ যোনীক পানীৰে ধুব লাগে।

লৰাৰ বাবে আৱশ্যক হয় যে নিজৰ শিশনৰ চাল তলৰ পিনে আনি শিশনমুণ্ড ছাফা কৰিব লাগে। এনে হব নালাগে যে তাত গোন্ধময় মইলা জমা হৈ যায় যাৰ বাবে শিশনমুণ্ডত খজুৰতী হব পাৰে। উত্তেজনা আৰু খজুৱাৰ বাবে যুৱকে অনায়াসে হস্তমৈথুনত প্ৰবৃত্ত হব পাৰে। এই মলক ছাফা কৰি থাকিব লাগে। যদি মল বেছি হয় তেন্তে চাবুনৰ ব্যৱহাৰো কৰিব পাৰে।

- পেছাব আৰু পাইখানাক টিপি ৰাখিব নালাগে, ইয়াৰ পৰা যৌনাঙ্গত অনাৱশ্যক হেচাঁ পৰে আৰু ই উত্তেজিত থাকিব ধৰে।

- গৰিষ্ট, জলি যোৱা আৰু মচলা যুক্ত খাদ্য খাব নালগে.। ইয়াৰ পৰা শৌচ বন্ধ আৰু উত্তেজনা বঢ়ায় তথা স্বপ্নদোষ বেছি হয়। স্বপ্নদোষ কম হওঁক বা বেছি হয়, ইয়াৰ বাবে আৱশ্যক হয় যে ভোজন সাধাৰণ হব লাগে। কাতি দিৰিকৈ খাব নালাগে। ৰাতিৰ চাহ, কফি অথবা গৰম গাখীৰেও স্বপ্নদোষৰ সহায়ক হয় সেয়ে ইয়াৰ পৰা মুক্ত হবলৈ ই কমত আৱশ্যক হৈ যে ভোজন সাধাৰণ হয়, শৌচ বন্ধ নহয়, পেট খালী থাকে আৰু ৰাতিৰ ভোজন সোনকালে কৰা হয়। ইয়াৰ উপৰিও কাম চিন্তা দূৰত ৰাখিব লাগে।

চেক্স আৰু সাধাৰণ খাদ্য প্ৰণালী

কোৱা আছে যে এলেক্সৰা জীৱন মানুহৰ সমাধি হয়। কিশোৰ আৰু কিশোৰীক এলেক্সৰা ভাৰ হবলৈ দিব নালাগে। ইয়াৰ বাবে আৱশ্যক হয় যে ৰাতিপুৱা সময়ত সোনকালে উঠাৰ অভ্যাস কৰাটো। ইয়াৰ দ্বাৰা সময় বাচে, এলেক্সৰা এক নিচা হয় আৰু স্বাস্থ্য ভালে নাথাকে। ৰাতিপুৱা সময় কমত সুন্দৰ হয়, বিশেষকৈ গৰমৰ দিনত।

ৰাতিপুৱা উঠিয়েই এগিলাচ শিতল পানী খাব লাগে আৰু অলপ সময় ফুৰিব লাগে। ইয়াৰ পৰা ৰাতিপুৱাৰ শৌচ খুলাকৈ আৰু চাফাকৈ হয়। ইয়াৰ পিছত ধুনীয়াকৈ দাত চাফা কৰি ফুৰিবলৈ যাব লাগে তথা ব্যায়াম কৰিব লাগে। ব্যায়াম আৰু ফুৰাৰ বাবে শৰীৰ হৃষ্ট পুষ্ট আৰু ফূৰ্তিময় বনি থাকে, হাতুৰা তথা মল্ল যুদ্ধ কৰাটো ভাল ব্যায়াম হয় কিন্তু স্বত্ত আৰু গধুৰ ব্যায়ামৰ পৰা আতৰি থাকিব লাগে কাৰণ ইয়াৰ প্ৰভাৱ শৰীৰৰ বাবে ভাল নহয় তথা ইয়াৰ পৰা পৌঢ়ৰস্হাত অনেক শাৰীৰিক বিকাৰৰ জম হব পাৰে।

যদি কিশোৰে ফুটবল কাবাদী আৰু হাতুৰৰ অভ্যাস কৰে তেতিয়া কোনো বিশেষ ব্যায়ামৰ আৱশ্যকতা নাই। গভৰো ছোৱালীক লাগে যে তেওঁলোকে যোগাসনৰ কোনো ভাল চাই কিতাপ পঢ়ি তাৰ অভ্যাস কৰাটো।

ৰাতিপুৱাৰ ভোজনত গাখীৰৰ সৈতে কিছু ফল অথবা বুটমাহ আৰু ছয়াবিন আদি খাব লাগে, ইয়াৰ পৰা শৰীৰত শক্তি আৰু পুষ্টি বনি থাকে।

দুপৰীয়াৰ ভোজন কমেও চাৰি পাচ ঘন্টাৰ পিছত কৰিব লাগে তথা তাত দালি, ভাত, ৰুটি তথা সেউজীয়া শাক পাচলিৰ চালাদ থাকিব লাগে, লগতে ভোজনত দৈ থকাটো আৱশ্যক হয়।

আবেলীৰ সময়ত ভোক লাগিলে গাখীৰ অথবা ফল লাগে। ৰাতিৰ ভোজন সোনকালে কৰিব লাগে তথা দুপৰীয়াৰ ভোজনৰ সমানে পুষ্টিকাৰক আৰু ভাল ভোজন কৰিব লাগে।গাখীৰ ভোজনৰ কমেও এক ঘন্টা পিছত খাব লাগে তথা ই অলপ গৰম হব লাগে।

ভোজন সম্বন্ধীয় মূখ্য কথা এইটো হয় যে বিনা ভোকত ভোজন কৰিব নালাগে আৰু ভোজন ভোকতকৈ অধিক কৰিব নালাগে আৰু দিনত কম পৰিমাণৰ অন্তৰত খাব নালগে। ইয়াৰ পৰা পেট অনাৱশ্যক কষ্ট পায় আৰু পেট বেয়া হয় তথা গেষ্ট্ৰিকৰ সমস্যা সৃষ্টি হয়।

ভোজন সাধাৰণ আৰু সতেজ হব লাগে আৰু ইয়াত শাক পাচলি আৰু ফল অৱশ্যে থাকিব লাগে।

চাহ, কফি, চাদা, চিগাৰেট, মদ আদি নিচা পাদাৰ্থ হয়, .ই কেৱল স্বাস্থ্য হানি কৰাই নহয় বৰং ৰোগো উৎপন্ন কৰে। এই নিচাত পৰিব নালাগে কাৰণ এবাৰ যদি এইটো অভ্যাস হয় তেন্তে জীৱনটো থাকি যায়।

দিনত যথাসম্ভৱ শুব নালাগে তথা ৰাতিৰ সময়ত সোনকালে শুই ৰাতিপুৱা উঠিব লাগে। এজন যুৱকে ছয়ৰ পৰা সাত ঘন্টা ভাল টোপনি পৰ্য্যাপ্ত হয়।

আহাৰ ঃ

ভাল স্বাস্থ্য আৰু জীৱনৰ আধাৰ ভোজন অথবা আহাৰ হয়। ভোজনৰ আমাৰ জীৱনৰ অভিন্ন অংগ হয়। শৰীৰ ৰক্ষা শক্তিৰ উৎপত্তি আদিৰ বাবে ভোজন আৱশ্যক হয়। আমাৰ বিচাৰ, স্বভাৱ আৰু ব্যক্তিও ভোজনৰ দ্বাৰা প্ৰভাৱিত হয়। আহাৰ বিষয়ে আমি সাধাৰণ জানকাৰি দিব গৈ আছো যাতে তুমি নিজৰ কাৰণে উত্তম খাদ্য বস্তু সয়ন কৰিব পাৰো আৰু তাৰ প্ৰয়োগ দ্বাৰা স্বাস্থ্যৱান বনি থাকো।

ভোজনৰ পোষক তত্তত পাচটা মূখ্য তত্ত থাকে। কৰ্বহাইড্ৰেট, স্বৰ্বি, ভিটামিন, তেল, তথা খনিজ লৱণ।

কাৰ্বহাইড্ৰেট ঃ

ই শৰীৰৰ মূখ্য শক্তিৰ শ্ৰোত হয়। এই শক্তিক কেলৰীৰ মাধ্যমেৰে ব্যক্ত কৰা যায়। এক গ্ৰাম কাৰ্বহাড্ৰেটত চাৰি শক্তি থাকে। যাদি

দৈনিক ভোজনত কাৰ্বহাইড্ৰেটৰ মাত্ৰা অধিক হয় তেতিয়া অতিৰিক্ত ভোজন চৰ্বিৰ ৰূপ সঞ্চিত হয়, সেয়ে শকত মানুহে কাৰ্বহাইড্ৰেট যুক্ত কম মাত্ৰাত খাব লাগে। কাৰ্বহাইড্ৰেটৰ মূল শ্ৰোত হল- চেনী, চাউল, ঘেঁহু, মাকৈ, কল, গুৰ, আম আদি।

চৰ্বি ঃ

চৰ্বিও শক্তিৰ শ্ৰোত হয়। তেল, ঘিউ, মাখন আদি চৰ্বিৰ বিভিন্ন ৰূপ হয়। চৰ্বিৰ পৰা আমি কেলৰীৰ শক্তি পাওঁ।

কাৰ্বহাইড্ৰেট আৰু চৰ্বিৰ খাদ্য প্ৰধান দেৰিকৈ পায় সেয়ে ইয়াৰ ব্যৱহাৰ অধিক মাত্ৰাত কৰিব নালাগে। যি মানুহে সাধানে নাথাকে তেওঁ শকত আৰু বেয়া আকাৰৰ হৈ যায় তথা পাচন সম্বন্ধী ৰোগ যেনে ৰক্ত চাপ আৰু মধুমেহ জন্ম হোৱাৰ সুযোগ থাকে। যি লোকে বহি থাকি কাম কৰে তেওঁলোকে চৰ্বিযুক্ত কমকে খাব লাগে আৰু ব্যায়াম কৰিব লাগে।

প্ৰোটিন ঃ

ই আমাৰ কোশিকাৰ জীৱন দ্ৰব্য নিৰ্মাণৰ বাবে আৱশ্যক হয়। সকলো প্ৰোটিন 20 এমিনো এচিদৰ সংযোগত গঠিত হয়। ইয়াৰ পৰা বাৰটা ভোজনৰ বাবে আৱশ্যক হয়। দেহাৰ গঢ় বৃদ্ধি হোৱাৰ বাবে এই তাত্তিক এমিনো এচিদৰ আৱশ্যক হয়। ইয়াক উত্তম প্ৰোটিনৰ শ্ৰোত বুলি কোৱা হয়। এনে পদাৰ্থক সাধাৰণতে পশু জন্য হয় যেনে মাংস, মাছ, কনী, গাখীৰ আদি। ছয়াবিনতো কমত প্ৰোটিন পোৱা যায়। নিৰামিষভোজী ব্যক্তিয়ে মাংসৰ অভাৱক ছয়াবিনেৰে পূৰ্ণ কৰিব কৰিব পাৰে। অংকুৰিত ছয়াবিন তথা ছয়াবিনৰ আটা শস্য আৰু দালিতো প্ৰোটিন যথেষ্ট মাত্ৰাত থাকে।

খনিজং লৱণ ঃ

আমাৰ শৰীৰৰ চাৰি শতাংশ ভাগ খনিজ লৱণৰ কাৰণে হয়। ইয়াত কেলচিয়াম, ফচফৰাচ তথা লোহা উল্লেখনীয় হয়।

কেলচিয়াম তথা ফচফৰাচক সদায় আহাৰত ললে দাত আৰু হাড় শক্তিশালী হয়। তন্ত্ৰিকা তথা পেশীৰ কাৰ্য্যসম্পাদনৰ বাবেও

ই আৱশ্যক হয়। এই খনিজৰ প্ৰমূখ শ্ৰোত হল- গাখীৰ তথা গাখীৰৰ পৰা বনা পদাৰ্থ, শস্য সেউজীয়া পাচলি তথা ফল।

লোহা ঃ

যদি নিয়মিত মাত্ৰাত শৰীৰত লোহা উপলব্ধ নাথাকে তেন্তে শৰীৰৰ বিশেষ ক্ষতি হয়। আমাৰ ৰঙা ৰক্ত-কণাত হিমোগ্লবিন উপস্হিত থাকে তথা ই লোহাৰ পৰা গঠিত হয়। লোহাৰ প্ৰধান শ্ৰোত হৈ সেউজীয়া পাচলি, আঙুৰ, কিচমিচ, আপেল, শস্য তথা গুৰ।

আয়োডীন ঃ

ইয়াৰ আৱশ্যকতা শৰীৰত কম মাত্ৰাত পৰে। ই থাইৰোদ হৰমন নিৰ্মাণৰ বাবে আৱশ্যক হয়। ই হৰমন বৃদ্ধিৰ নিয়ন্ত্ৰণ কৰে। ই খোৱা পানীতো পোৱা যায় তথা মাছ আৰু সমুদ্ৰিয় পাচলিত বেছিকৈ পোৱা যায়। কৃত্ৰিম আয়োদীন কেমিস্টৰ তাতো পোৱা যায়।

ভিটামিন ঃ

ই আমাৰ শৰীৰ সুস্হ ৰখাত আৱশ্যক হয়। ইয়াৰ পৰা আমি সুৰক্ষা পাওঁ তথা জীৱনৰ শক্তি বেছি হয়।

ভিটামিন এ ঃ

ই আমাৰ শৰীৰক ৰোগমুক্ত কৰি ৰাখে। ইয়াৰ পৰা চকু, দাঁত তথা হাড়ো সুস্হ থাকে। ইয়াৰ প্ৰমূখ শ্ৰোত হল- সেউজীয়া শাক-পাচলি, কণী, মাখন, মাছ আদি।

'বি-সমূহ' ভিটামিন ঃ

ভিটামিন বি ৰ পৰিয়ালক 'বি-সমূহ' ভিটামিন কোৱা হয়। ইয়াৰ প্ৰায় 18 সদস্যক এতিয়ালৈ বিচাৰি উলিওৱা হৈছে। মস্তিষ্ক আৰু স্নায়ু মন্ডলৰ নাড়ীৰ বাবে এই ভিটামিন কমত আৱশ্যক হয়। ৰক্তত লোহাৰ ব্যৱহাৰ এই ভিটামিনৰ বাবে হয়। ইয়াৰ অভাৱত পেশীত বিষ হয়। ইয়াৰ মূখ্য শ্ৰোত হল- কণী, মাংস, গাখীৰ, সেউজীয়া পাচলি আদি।

ভিটামিন চি ঃ

টেঙা তথা ৰস থকা ফল যেনেকৈ নেমু, বিলাহি, আমলা, কমলা আদি ভিটামিন চি ৰে ভৰা খাদ্য। ই আমাৰ দেহা কোমল কৰে আৰু ঘাঁ ভাল কৰাত উপযোগী হয়। ই আমাৰ শৰীৰৰ ৰোগ-নিৰোধক শক্তিকো বঢ়ায়। গাত লোহাৰ অৱশোষণ কৰাৰ বাবেও ই আৱশ্যক হয়।

ভিটামিন ডি ঃ

ই আমাৰ দাঁতৰ আৰু হাড়ৰ সৰচনাত ভাগ দিয়ে। ইয়াৰ অভাৱত কেলচিয়াম তথা ফচফৰাচৰ অভাৱ হব পাৰে। সূৰ্যৰ পোহৰ যেতিয়া আমাৰ গাত পৰে, তেতিয়া ই শৰীৰৰ সৈতে মিলিত হৈ নিজে শৰীৰ গঠনত ভাগ লয়। ইয়াৰ উপৰি এই ভিটামিন গাখীৰ, মাখন, মাছ, মাছৰ পেটু আদিত পোৱা যায়।

এই বিৱৰণৰ পৰা ই স্পষ্ট হৈ গৈছে যে খাদ্য মাত্ৰ পেটৰ শুধাৰ বাবে নহয় আৰু খোৱাৰ তাৎপৰ্য মাত্ৰ দালি-ভাত আৰু মাংস-মাছ খোৱাটো নহয়। খাদ্য এনে খাব লাগে যি শৰীৰক পুষ্টি আৰু শক্তি দিয়ে তথা শৰীৰৰ ৰোগ-নিৰোধক ক্ষমতা বঢ়ায়। আমাৰ দেশত মাংসৰ ব্যৱহাৰ কম আৰু ইয়াক গৰম আৰু উত্তেজনা বঢ়োৱা খাদ্য ৰূপে গণ্য কৰা হয়। মাংস খোৱা আৱশ্যক নহয় আৰু আমি ইয়াৰ অভাৱক কণী, গাখীৰ আৰু সেউজীয়া শাক-পাচলিৰে পুৰ্ণ কৰিব পাৰো।

যুৱক সকলে বুজি পাইছে যে সন্তুলিত আহাৰৰ বাবে নিম্নলিখিত খাদ্য হোৱা আৱশ্যক হয়- গাখীৰ, ঘী, দৈ, ফল, সেউজীয়া শাক-পাচলি, অংকুৰিত শস্য, আদি।

বিলাহি, টিয়ঁ, গাজৰ, মুলা আদি কেচাঁই খাব লাগে। ইহঁতক চালাদৰ ৰূপত খাক পাৰি। পালেং, মুলাৰ পাত তথা অন্য শস্যৰ পাতৰ ৰস ওলাই খাব পাৰি। অংকুৰিত শস্য ৰাতিপুৱা গাখীৰৰ সৈতে খাব পাৰে। নেমুৰ চৰ্ব্বতো খাব লাগে।

যদি কিশোৰ-কিশোৰীয়ে খাদ্য পান কৰাত উপযুক্ত পদাৰ্থ সেৱন কৰিব তেতিয়া চেক্সৰ প্ৰতি আকৰ্ষণ ৰখাব পাৰিব, কাৰণ সংযমৰ পৰা বিবেক জন্ম হয় আৰু যত বিবেক থাকে তাত ভূলৰ সম্ভাৱনা কম হয়।

চেক্স আৰু বিবাহ

বিবাহৰ বিষয়ে জানি লোৱাও কিশোৰ-কিশোৰীৰ বাবে অত্যন্ত আৱশ্যক হয়, কাৰণ বিবাহে চেক্স সম্বন্ধ স্থাপিত কৰাৰ লাইচেন্স হয়। বিবাহ জীৱনৰ এক মহত্তপুৰ্ণ অঙ্গ হয়। বিবাহৰ নাম আহিলেই যুৱকে যুৱতীৰ বিষয়ে আৰু যুৱতীয়ে যুৱকৰ বিষয়ে ভাবিব ধৰে। তেওঁলোকৰ কল্পনা শক্তি তীব্র হৈ উঠে আৰু বিভিন্ন ৰঙীন সপোন চাবলৈ ধৰে। এই স্বপ্ন বাঞ্ছনিয় হয় আৰু অধিকাৰো আছে। যুৱতীয়ে এক মনে বিচৰা পতি আৰু যুৱকে আদৰ্শ পত্নি বিচাৰে।

কিন্তু আদৰ্শ আৰু যথাৰ্থত অন্তৰ আছে, কল্পনা আৰু বাস্তৱিকতাত অন্তৰ আছে। পৰিস্থিতি সদায় মানুহৰ অনুকূলে নাথাকে, মানুহে পৰিস্থিতি অনুসাৰে কাম কৰে, ইয়াৰ সৈতে নিজকে মিলাই লৈ, নিজকে বাতাবৰণ অনুসাৰে 'এডজাষ্ট' কৰি লৈ- মানুহৰ বুদ্ধিমতা ইয়াতে ধৰিব পাৰি।

বিবাহ এক দায়িত্বস্বৰূপ ঃ

বিবাহত যেনেকৈ ৰোমাঞ্চ, উত্তেজনা, প্ৰেম আছে তেনেকৈ ইয়াত ত্যাগ, বলিদান, কষ্টৰো আৱশ্যকতা পৰে। জীৱন-সঙ্গী সকলোকে এশ-শতাংশ মনেমিলা নাপাব পাৰে, তেওঁৰ সৈতে মিলা-মিলি কৈ, কিছু কষ্ট কৰি আৰু কিছু ত্যাগ কৰি থাকিব লগিয়াত পৰে। এনে ভাৱধাৰাৰ পতি-পত্নিহে সুখত থাকিব পাৰে আৰু তেওঁলোকৰ বিবাহিত জীৱন সুখৰ বুলি কব পাৰি। বিবাহ মাত্ৰ এক ৰোমাঞ্চ নহয় বৰং এক দায়িত্বও হয় কাৰণ তাগলৈ গৈ সন্তানৰ লালন-পালন, শিক্ষা-দীক্ষা কৰা, সিহঁতৰ কেৰিয়াৰ বনাব লাগে, এক যোগ্য নাগৰিক বনাব লাগে।

সেয়েহে বিবাহক মাত্ৰ প্ৰেম বা ৰোমাঞ্চ নাভাবি তাৰ গভীৰতা বুজিব লাগে। তোমাৰ বাবে কোনটো লৰা বা ছোৱালী উচিত হয় ইয়াৰ দেখ-বিচাৰ তোমাৰ মাক-দেউতাক অথবা অভিভাৱকে ভালকৈ কৰিব পাৰিব। এনেটো আজিকালী আধুনিক যুগ হয়, শিক্ষা তথা চিনেমাকৈ ৰোমাঞ্চৰ দৌৰ হয়, কিন্তু ভাৰতীয় সংস্কৃতি এনে হয় যে ইয়াত প্ৰেম বিবাহ অধিক সময়ত অসফল হয়। প্ৰেমীক সকলে উত্তেজিত হৈ বিবাহ কৰি লৈ, কিন্তু পিচলৈ গোটেই জীৱন পৰিতাপ কৰে। বিবাহ শীঘ্ৰতাৰে আৰু ডাঙৰৰ পৰামৰ্শ নোলোৱাকৈ কেতিয়াও কৰিব নালাগে। বৃদ্ধসকলৰ পৰিপক্ক চকুৱে অভাৱ, বেয়া ভাৱ আৰু চল কৰা আদি সুন্দৰকৈ ধৰিব পাৰে যি তোমাৰ চকুৱে নোৱাৰে। তুমি জীৱনটো ভালকৈ নাই দেখা, এতিয়াটো তোমাৰ শিকাৰ বয়স।

জীৱন-সঙ্গী ঃ

বিবাহৰ সময়ত অথবা বধুৰ পক্ষ প্ৰস্তুতিৰ পৰত কমত কথা চাব লাগে যেনে তেওঁলোকৰ ঘৰৰ বাতাবৰণ, থকা-বোৱা, শিক্ষা-দীক্ষা, সৌন্দৰ্য, ব্যক্তিগত গুণ-দোষ আদি। এই সকলো কথাই মন কৰি বিয়াহ ঠিক কৰা হয় তথা এই বিষয়ত মাক-দেউতাকৰ অনুভৱ বৰ কামলৈ আহে। হয়, এই কথা আৱশ্যক হয় যে লৰা-ছোৱালীয়ে আন এজনক চাই লব লাগে তথা সৰু পৰিচয় এটাও লব লাগে। ইয়াৰ উদ্দেশ্য এয়ে যে দুয়ো-দুয়োকে লগ পাই পচন্দ কৰে। বিয়াৰ পিচতটো নিজৰ বিচাৰ আৰু ভাৱ ধাৰাক পৰিস্হিতি অনুসৰি সলনি কৰি লব পাৰি, কিন্তু ৰূপ-ৰঙটো সলনি কৰিব নোৱাৰি। ই কমত জৰুৰি হয় যে লৰা-ছোৱালীয়ে এটাই আনটোৰ ব্যক্তিত্ব পচন্দ কৰি লয়। যদি কোনোয়ে নিজৰ প্ৰস্হাৱিত জীৱন-সঙ্গীক পচন্দ নকৰে, তেন্তে অভিভাৱকৰ এই দায়িত্ব যে তেওঁলোকৰ ভাৱনাৰ আদৰ কৰে। লৰা আৰু ছোৱালীৰ পচন্দক প্ৰাথমিকতা দিব লাগে। ছোৱালীয়ে লাজৰ আৱৰণ ফালি নিজৰ মন্তব্য সংকোচ নকৰি মাক-দেউতাকক কব লাগে।

শেষত আমি আৰু এটা কথা কও যে ভাৰতীয় সংস্কৃতিত প্ৰেমৰ ভাৱ বিয়াৰ পিচতে বাঢ়ে আৰু ইয়ে শ্ৰেস্ট হয়। বিয়াৰ পিছত পতি-পত্নিৰ বাবে আৱশ্যক হয় যে এটাই আনটোৰ প্ৰতি আদৰ, প্ৰেম আৰু

ত্যাগৰ ভাৱনা ৰাখে তথা পৰিস্হিতি অনুসৰে নিজকে ৰূপ দিয়াৰ চেষ্টা কৰে। বৈবাহিক জীৱন এনে পৰিস্হিতিতে সফল হয়।

বিয়াৰ বয়স ঃ

যিমানলৈ বিবাহৰ বয়সৰ প্ৰশ্ন হয়, মহৰ্ষি সুশ্ৰুতৰ কথন হয় যে পুৰুষে 25 বছৰ বয়সত আৰু ছোৱালীয়ে 16 বছৰ বয়সত পৰিপক্কতা প্ৰাপ্ত কৰে। এই মত আজিও বিজ্ঞান সম্মত হয়, ইয়াৰ উপৰিও আধুনিক মতানুসাৰে ছোৱলীয়ে 18-20 বছৰত বিয়াহ কৰাব লাগে। ওপৰৰ আয়ু প্ৰাপ্ত কৰালৈ স্ত্ৰী আৰু পুৰুষৰ শৰীৰ পুৰ্ণ ৰূপত বিকশিত হয় তথা তেওঁলোকৰ শুক্ৰাণু আৰু অণ্ডাণু পৰিপক্ক হৈ উঠে।

কম আয়ুত বিয়াহ হলে শৰীৰৰ বৃদ্ধিত বেয়া প্ৰভাৱ পৰে তথা সন্তানো দুৰ্বল জন্ম হয়। কম আয়ুৰ স্ত্ৰীয়ে গৰ্ভধাৰণত অসুবিধা পায় কাৰণ তেওঁলোকৰ গৰ্ভাশিয় পুৰ্ণ ৰূপত বিকশিত নহয়। এনে স্ত্ৰী দুৰ্বল হৈ পৰে। কম সময়ত অপৰেচনৰ দ্বাৰা সন্তান জন্ম দিব লগা হয়।

সেয়েহে লৰা বা ছোৱালীয়ে পুৰ্ণ আয়ু প্ৰাপ্ত কৰাৰ পিছতহে বিবাহ পাশত আৱদ্ধ হব লাগে।

●●●

কিশোৰী সকলৰ গৰ্ভপাত

'যদি আপুনি সন্তানক পো-পাল দিব নোৱাৰে তেন্তে সিহঁতক মোক দি দিওক কিন্তু পৃথিৱীত অহাৰ পুৰ্বে গৰ্ভপাত কৰি নৃসঙ্গ হত্য নকৰিব- মদাৰ টেৰেছা।'

আমাৰ দেশত গৰ্ভপাতৰ সমস্যা দিনে-দিনে বৃদ্ধি পাইছে। বিবাহিতা আৰু বয়স্কৰ কথা বাদ দিলেও আজি কিশোৰীসকলৰ বাঢ়ি যোৱা গৰ্ভপাতৰ সমস্যাই আমাৰ অমানৱীয়তা আৰু মানসিক স্খলন দেখুৱাই আৰু নিশ্চিত ৰূপত ভয়ানক চিন্তাৰ কাৰণ হৈ পৰিছে। এই কেইদিনত যি খবৰ বাতৰিত আহিছে সেয়া ভয়ানক হয়। কিশোৰী সকলৰ মাজত অপ্ৰত্যাসিত ৰূপত গৰ্ভপাতৰ প্ৰবৃত্তি বাঢ়ি গৈছে।

ভাৰতত 1976 চনত চিকিৎসকীয় গৰ্ভপাত বৈধ কৰা হৈছে। ইয়াক বৈধ কৰাৰ পিছত স্ত্ৰীৰ স্বাস্থ্য সুৰক্ষা কৰা আছিল কিন্তু আজি ই অন্য ৰূপ লৈছে, ই কোনো পুৰুষৰ লোভ আৰু কামোত্তেজনাৰ বলি হৈ গৰ্ভপাত কৰিব লগা হয়। এক অধ্যয়ণ অনুসৰি গৰ্ভপাত জাপান, চীন, তাইৱান আৰু চিঙ্গাপুৰত অধিক হয়। ভাৰতো এই শ্ৰেণীতে আহে। ইয়াৰ বিপৰিতে লিবিয়া, আয়ৰলেণ্ড, লাইবেৰীয়া আৰু মেক্সিকোত গৰ্ভপাতৰ সংখ্যা নুন্যতম হয়। মেক্সিকত গৰ্ভপাত অবৈধ কৰা হৈছে। তেওঁলোকে গৰ্ভপাত মৃত্যুৰ কাৰণ বুলি ধৰে। মেক্সিকোত গৰ্ভপাত কেৱল ধৰ্ষণ হলে আৰু জন্মৰ সময়ত মাকৰ মৃত্যুৰ আশংকা থাকিলে কৰা হয়। ইয়াৰ উপৰি অন্য কাৰণত গৰ্ভপাত কৰিলে মাক আৰু ডাক্তৰ দুয়োটাই জেল যাব লাগিব। এই দেশ সমূহত স্কুলিয়া শিক্ষাৰ লগতে যৌন আৰু গৰ্ভনিৰোধক জ্ঞানো দিয়া হয়। এয়ে কাৰণ হয় যে গৰ্ভপাতৰ সংখ্যা কম হয়।

এক অনুমান অনুসৰি ভাৰতত প্ৰতিবৰ্ষই 4-6 লাখ গৰ্ভপাত হয়। ইয়াত 60 শতাংশ গৰ্ভপাত গুপ্ত ৰূপত হয়। এই কাৰ্য স্ত্ৰী ৰোগ বিশেষজ্ঞৰ উপৰি প্ৰসৱৰ ডাক্তৰেও কৰে। এনে আধা জানা ওজাৰো অভাৱ নাই যিয়ে এনে গৰ্ভপাত কৰি মাতৃ-সন্তান দুয়োৰে কাল হয়। গ্ৰমীণ আৰু পিছপৰা গাওঁত ধতুৰা আৰু অজবায়নৰ দৰে প্ৰাকৃতিক বস্তুৰো প্ৰয়োগ কৰা হয়। চৰকাৰী ভাৱে এনে গৰ্ভপাত দন্দনীয় হয় আৰু মাকৰ মৃত্যু হোৱা আকংক্ষা অধিক থাকে। মেৰি স্টোপ্স যি গৰ্ভপাতৰ পৰ্যায় বনি গৈছে, 1979ত স্থাপিত হৈছে। এই সংখ্যাত কেবল দিল্লীতে স্থাপনা বৰ্ষতে 974 গৰ্ভপাত কৰিছিলে, সেয়ে 1993 সংখ্যাত বাঢ়ি পেলায় 9,975 হৈ গৈছিল যি স্থাপিত হোৱা বৰ্ষৰ পিছত 10 গুণ অধিক হয়। মেৰি স্টোপ্সত অহা অধিকাংশ ছোৱালী কলেজ ছাত্ৰী হয়।

ইয়াৰ উপৰিও প্ৰাইভেত কেন্দ্ৰ যত গৰ্ভপাত গুপ্ত ৰূপত কৰা

হয়, তাত ইয়াৰ ফিজো অপেক্ষাকৃত ভাৱে অধিক হয়। এয়ে কাৰণ হয় যে কিশোৰীসকলৰ অধিক হোৱা গৰ্ভপাতৰ সংখ্যা এতিয়ালৈ সমাজৰ আগলৈ নাহে।

এই সমস্যাৰ বিষয়ে দিল্লীৰ আৰ.কে.পুৰম স্হিত ফেমিলি প্লেনিং এছোচিয়েন অৱ ইণ্ডিয়াৰ মেডিকেল অফিছাৰৰ কোৱা হৈছে যে তেওঁলোকৰ তাত কিশোৰীসকলৰ 1-2 গৰ্ভপাতৰ অৱস্হা প্ৰতিমাহে আহে। ইয়াত অধিকাংশ নিম্ন শ্ৰেণী কা উচ্চ মধ্য শ্ৰেণীৰ ক্ষেত্ৰত হয়। নিম্ন শ্ৰেণীৰ ক্ষেত্ৰত অধিকাংশক নিজৰ ওচৰ পাজৰৰ বা সম্বন্ধীয় লোকে বলপূৰ্বক বা ব্লেকমেইল কৰি কৰে আৰু উচ্চ শ্ৰেণীৰ ক্ষেত্ৰত তেওঁলোকৰ অকলসৰীয়া ভাৱ, পৰিয়ালে গুৰুত্ব নিদিয়াই তথা গৰ্ভনিৰোধক ব্যৱহাৰ নকৰাই গৰ্ভপাত কৰোৱা হয়। উচ্চ শ্ৰেণীৰ ছোৱালীয়ে গৰ্ভপাত কৰাৰ বাবে উচ্চ অধ্যয়ণক দৰ্শোৱা দেখা যায়।

ডাক্তৰৰ কোৱা আছে যে, সময়ৰ পূৰ্বে গৰ্ভপাত কৰিলে সন্তান নোহোৱা, ৰক্তৰ অভাৱ, প্ৰায়ে ৰক্তশ্ৰাৱ, যোনীত সক্ৰমণৰ দৰে সমস্যা জন্ম হোৱাৰ ভয় থাকে।

তুলনাত্মক অধ্যয়ণ অনুসৰি ভাৰতত অধিক গৰ্ভপাত কেৰেলা আৰু পশ্চিম বেঙ্গলত হয়। ইয়াৰ পিছত কমতো কাৰণ আছে, সেই ঠাইৰ সমাজ, শিক্ষা আৰু আধুনিক জীৱন। বাস্তবিকতে এনে হয় যে ভাৰতৰ কিশোৰ আৰু যুৱক সকলে এই সময় সক্ৰমণ কালীন দৌৰৰ পৰা পাৰ হৈ গৈছে। এফালে পাশ্চত্য সভ্যতা সংস্কৃতিয়ে আকৰ্ষিত কৰি আছে আৰু আতফালে ভাৰতীয় সংস্কৃতিৰ পৰিস্হিতি, সেয়ে এই দুয়োৰে মাজত সামজঞ্চ স্হাপিত কৰিব পৰা নাই। অন্য হাতে তেওঁলোকে যৌন উন্মুক্তাৰ ফালে অগ্ৰসৰ হোৱা দেখা গৈছে।

ভাৰতীয় সমাজত আজিও অবিবাহিত ছোৱালী গৰ্ভধাৰণ হোৱা কথা স্বীকাৰিত নাই হোৱা যাৰ বাবে গৰ্ভপাতৰ সংখ্যা বৃদ্ধি পাইছে। কিশোৰীৰ প্ৰতি হোৱা এই শাৰীৰিক অত্যাচাৰৰ বিষয়ে মহিলা সংগঠন, মহিলা দক্ষতা সমিতিৰ সদস্য বিনয় ভৰদ্বাজে কৈছে যে, এই সমস্যাৰ মূখ্য কাৰণ আমাৰ সলনি হোৱা সামাজিক আৰ্থিক মূল্য আৰু চেক্সৰ প্ৰতি সংযমৰ অভাৱৰ বাবে হয়। এই সমস্যাৰ কোনো সৰু সুবিধা নাই, ইয়াক লাহে-লাহে নিজৰ বুদ্ধি, বিবেক আৰু জ্ঞানৰ দ্বাৰা কম কৰিব পাৰি।

এনেকৈয়ে বিশ্বৰ চিকিৎসকৰ মানা আছে যে গৰ্ভনিৰোধকৰ সফলতাৰ পূৰ্বে দেশত গৰ্ভপাতৰ হাৰ অধিক হয়, জাপান আৰু কোৰীয়া ইয়াৰ উত্তম উদাহৰণ হয়।

চেক্সৰ প্ৰতি সংযম নথকাৰ বাবে নাবালিকাও শাৰীৰিক কৰ্মৰ চিকাৰ হয়। আজি প্ৰায় 50 জনি মহিলাৰ সৈতে নিতৌ ধৰ্ষণ হৈ থাকে। যাৰ শাৰীৰিক মানসিক অভাৱ গৰ্ভপাতেৰে পূৰ্ণ কৰিব লগা হৈছে।

কেনিয়াত এনে পৰিস্হিতি আৰু ভয়ানক। কিশোৰীসকল গৰ্ভৱতী হলে সমাজ, স্কুল আদিৰ পৰা বহিস্কৃত কৰি দিয়া হয়। আৰু পুৰুষৰ সহায় পালেও, চৰকাৰে সহায় নকৰে। ইয়াৰ বিপৰিতে লৰা বোৰক অপৰাধমুক্ত কৰি ডাঙৰ কৰি দিয়া হয়। পুৰুষৰ প্ৰতি এই দৃষ্টিকোণ এতিয়াও সমাজত প্ৰচলিত আছে।

এনে দশাত এই বেচাৰযোগ্য প্ৰশ্নৰ আবিৰ্ভাৱ হয় যে, যত প্ৰতিক্ষণে মহিলাৰ বাবে আতংকিত হয়, জীয়াই থকাৰ সংগ্ৰাম কৰিব লাগে, তাতে 'বালিকা বৰ্ষ', 'সুখী বালিকা ভৱিষ্য দেশত' দৰে সন্দেশ প্ৰকৃত অৰ্থত এক হাস্যকৰ-ভেকুভাওনা যেন লাগে। এনে স্হিতিৰ পৰা মুক্ত হবলৈ অধিক প্ৰভাৱী এয়ে হব যে- হয়টো ইয়াত যৌন শিক্ষা দিয়ক বা মেক্সিকৰ দৰে সমাজৰ গঠন কৰা।

●●●

চেক্স শিক্ষা আৰু চিনেমা

'সেনেমায়া'ৰ দ্বাৰা আয়োজিত শ্ৰীলংকাৰ ফিল্ম মহোৎসৱত এক চৰ্চিত চিনেমা আছিল 'ভেচাঁ'(ম'হ)। এই চিনেমাই এক ভিন্ন আৰু সুপৰিচিত ভাৱে কামভাৱ, পোৰ্নোগ্ৰাফী (অশলীল সাহিত্য আৰু ফিল্ম-টি.ভি. কাৰ্যক্ৰম আদি), ধৰ্ষণ, ফেমিনিজ্ত আদি প্ৰশ্নৰ আৱিৰ্ভাব কৰে। ফিল্মৰ কেন্দ্ৰত এক দৈ বিক্ৰেতাই নিজৰ ম'হ গাড়ীৰ সহায়ত ইফালে-সীফালে ঘূৰি ফুৰে। তেওঁ কোনো চহৰৰ বাছ চালকৰ সম্পৰ্কত আছে যিয়ে তেওঁৰ বস্তু সমূহ এনেই খাব বিচাৰে আৰু সেয়ে বিভিন্ন প্ৰলোভন দি বিদেশী আৰু কামুক ছবি আৰু সাহিত্য দিয়ে। এই যুৱকজনে গছ এডালত নিজৰ পুজিঁটো সাজিছে আৰু সকলো ফালে পশ্চিমী স্ত্ৰীৰ অসংখ্য অশলীল আৰু উত্তেজক ছবি ওলোমাই থৈছে। এই যুৱকজন চেক্সৰ প্ৰতি এনে ভাৱে আকৰ্ষিত হৈ যে তেওঁ এক বলিয়া চেক্স ৰোগীৰ দৰে হৈ পৰে। এই যুৱকজন এক সপোনৰ পৃথিৱীত থকা হল। দিন ৰাতি এই ছবি সমূহৰ স্ত্ৰীয়ে তেওঁক আক্ৰমণ কৰিব ধৰে।

এই যুৱকৰ গাওঁত এজনী অধ্যাপিকা স্কুলত পঢ়াবলৈ আহে। যুৱকজনৰ গাড়ীখনতে তাইৰ বস্তু সমূহ আনিবলৈ পায়। অধ্যাপিকাই এই ম'হৰ গাড়ীত বহিবলৈ টান পায়। তেওঁ কৈ- মই খোজকাঢ়ি যোৱা পচন্দ কৰিম। কিন্তু ৰদত গৈ গৈ ভাগৰি পৰে আৰু এই উৎসাহী নায়কে হঠাতে তেওঁক টানি গাড়ীত উঠাই আৰু বেগেৰে গাড়ী দৌৰাব ধৰে। যুৱকজনে এই স্ত্ৰীৰ স্পৰ্শত আৰু সপোনৰ পৃথিৱীত আতংকিত হৈ উঠে। গোটেই বাটত অধ্যাপিকা গৰাকীয়ে তেওঁৰ ব্যাকুলতা বুজিব নোৱাৰে।

লাহে-লাহে এই যুৱকৰ চেক্স সম্বন্ধী কথাই তেওঁৰ জীৱনত

আক্ৰান্ত কৰি লয়। তেওঁ এই অধ্যাপিকাক ভয় খাই যদিও মনে-মনে তেওঁক লৈ সপোনো ৰচি থাকে। অধ্যাপিকাই এই অশিক্ষিত যুৱকৰ প্ৰতি লাগতিয়াল মৰম কৰে। তাক পঢ়াবলৈ চেষ্টা কৰে যাতে বুধিয়ক চহৰৰ মানুহৰ পৰা ঠগ নাখায়। কিন্তু যুৱকে এক গাধৰ দৰে সপোন চাই থাকে। কেতিয়াবা অধ্যাপিকাৰ সৈতে বল প্ৰয়োগ কৰিব চেষ্টা কৰে কিন্তু তাৰ পৰ্যাপ্ত সাহসো নাই। অধ্যাপিকাই তাক ভয়ানক জন্তু ৰূপে নেদেখী দুখী পুৰুষৰ ৰূপত অধিক দেখে। কিন্তু এই যুৱকজনে এদিন সুযোগ পাই অধ্যাপিকাৰ ধৰ্ষণ কৰি দিয়ে। অধ্যাপিকাই তেওঁৰ হিংসাক ব্যৱহাৰৰ দুখী আৰু আচৰিত হয়। ধৰ্ষণৰ পিছত সেই যুৱকে নিজৰ নিৰৰ্থকতা আৰু আক্ৰমক ভাৱত ভয়ভিত হয়। অধ্যাপিকাৰ মুখত, দয়া আৰু হিংসাৰ ভাৱ হয়। তাই কৈ উঠে- হয়টো তুমি এক জংঘলীৰ ম'হ হয়।

এই যুৱকজনে ভয়ভীত হৈ দৌৰে- লেতেৰা ঠাইত পৰি তেওঁ এটা ম'হৰ দৰে হৈ যায়। দৌৰি দৌৰি নিজৰ পুজিত আহে আৰু এই সকলো উত্তেজিত ছবি জুই লগায় নষ্ট কৰি দিয়ে।

এই চিনেমা চিনেমাই দৃষ্টিত এক সাধাৰণ হয়, কিন্তু জটিল বিষয়ত চোৱা হলে ই আমাৰ পৰনোগ্ৰাফি, ডমিত চেক্স জীৱন আৰু স্ত্ৰী পুৰুষৰ সম্বন্ধক এক নতুন পোহৰ দিয়ে। এই চিনেমাই আমাক ভৱাৰ আৰু কাৰণ দিয়ে। প্ৰিণ্ট মিডিয়াত পৰনোগ্ৰাফি ইমান গভ্ভিৰ নাথাকে যিমান ভিজুৱেল মিডিয়াত- বিশেষকৈ চিনেমা আৰু টেলিভিচনত। এডাল্ট আৰু পৰনোগ্ৰাফিত ভেদ কৰা সাধাৰণতে সহজ নহয়। বিশেষকৈ এনে দেশত যত জনসংখ্যা অশিক্ষা আদি কমতো সমস্যা আছে, ইয়াত অভিব্যক্তিৰ স্বাধীনতা যেতিয়া পৰ্দাত আহে তেতিয়া তাৰ অসৎব্যৱহাৰ অধিক হয়-সৎ ব্যৱহাৰ কমত কম হয়।

যেনেকৈ 'ভেচা' ফিল্মৰ চৰ্চাত স্পষ্ট হয় যে পৰনোগ্ৰাফি ব্যক্তিয়ে সদায়ে বেয়া ব্যক্তি নবনায়- তেওঁৰ ৰচনাত্মকতাকো নষ্ট কৰি দিয়ে। কিন্তু সকলো ব্যক্তিৰ মনত কিছু গুপ্ত ইচছা, নিজা সপোন আৰু চেক্স সম্বন্ধী কথাৰ প্ৰতি কম বা বেছি পৰিমাণে আকৰ্ষিত হয়।

ফ্ৰায়ডৰ পিছত অনেক আধুনিক বিচাৰকে এই কথা স্পষ্ট কৰি দিয়ে যে কাম জীৱনত দমন ব্যক্তিয়ে অনেক সমস্যা জন্ম দিব পাৰে। বিংশ শতাব্দীত সেয়েহে এফালে যদি মাৰ্ক্সৰ চৰ্চা চলে তেতিয়া আনফালে চিগমন ফ্ৰায়ডৰো কম চৰ্চা নহয়। সাহিত্যক, চিত্ৰ কলা, মূৰ্তি শিল্প আদিতো পৃথিৱীখনক চেক্সৰ চিত্ৰন কৰা হয়। আমি ইয়াত স্পষ্ট আৰু মনক প্ৰসন্ন কৰা উদাহৰণো পাওঁ আৰু পৰনোগ্ৰাফিৰ পূৰ্ণ ৰূপৰ বিক্ৰেতাও পাওঁ। কিন্তু বিংশ শতিকাত চিনেমা, টেলিভিচন, চেটেলাইট চিষ্টেম ফটোগ্ৰাফি, বিজ্ঞাপন আদি সকলো সপেক্ষাকৃত আধুনিক ক্ষেত্ৰতো চেক্সৰ বিষয়ে পাওঁ। লাহে লাহে তথাগথিত এডাল্ট অভিব্যক্তিৰ অৰ্থটো বিশেষ পৰিৱৰ্তন আহিছে। সত্তৰৰ দশকত পশ্চিমৰ ফালে এই ক্ষেত্ৰত অভিব্যক্তিৰ স্বাধীনতা চৰম সীমাত পাৰ কৰি দিছে- আচলতে একো লুকুৱাৰ কথা নাথাকে। কম জীৱনত সাধাৰণতে কোনোটো পক্ষ হব (লগা হলে তেওঁ স্বাস্থ্যৱান বা অস্বাস্থ্যৱান হওক) যি সৰু আৰু ডাঙৰ পৰ্দাত দেখুওৱা নহয়। এনে পৰিস্হিতি আহি গল যে 1979 চনত চৰ্চিত পলিচ মূলৰ ফিল্মকাৰ বমেন পলচকিয়ে যেতিয়া নিজৰ ফিল্ম (তেচ) বনায় তেতিয়া তেওঁ নিজৰ আৰু অন্যৰ ফিল্মত চেক্সৰ চিত্ৰনৰ পৰা ইমানেই অপ্ৰেৰিত কৰিলে যে - তেচত এটাও চেক্স চিন নাছিল। পশ্চিমী দেশৰ অভিব্যক্তিত এইটো স্বাধীনতা নিজৰ চৰম সীমাত পাই ভাগৰি গল। এনে নহয় যে পিছলৈ চেক্সৰ আকৰ্ষণ নাথাকিল কাৰণ যেতিয়ালৈ জীৱন থাকিব তেতিয়ালৈকে চেক্সৰ আকৰ্ষণ থাকিবই। বৰং নিজে পলচকিয়ে পিছলৈ কিছু ফিল্মত চেক্সৰ খোলা চিত্ৰনৰ চৰ্চা কৰে। কিন্তু লাহে লাহে চেক্সৰ স্পষ্ট উদ্যোগ অস্পষ্ট উদ্যোগ অৰ্থাৎ পৰনোগ্ৰাফি দুয়োটাই নিজৰ নিজৰ স্হান বনাই লয়। ইয়াত এইটো স্পষ্ট কৰি দিয়াত আৱশ্যক হয় যে সামান্য স্বাস্হৱান ব্যক্তিও জীৱনৰ ক্ষেত্ৰত পৰনোগ্ৰাফিত মন দিয়ে কিন্তু তেওঁ সেই ফানটাচিত জীয়াই নাথাকে আৰু যদি সেই ব্যক্তিয়ে জীৱনৰ কোনো প'লত সেই ৰংগ ৰুচি বনাই তেন্তে তাত কোনো বিশেষ অশান্তি বা লোকচান নাথাকে। কিন্তু এই বিশ্বত ফানটাচিত জীয়াই থকা আৰু স্পষ্ট চেক্স সম্বন্ধ গোটেই প্ৰকাৰে নাইকিয়া হোৱা আৰু হিংসক মূল প্ৰবৃত্তিৰ হেচাত আহি যোৱাৰ নিশ্চয় কিবা নহয় কিবা লোকচান আছে।

ভাৰতত পশ্চিমৰ তুলনাত চেক্স সম্বন্ধী অভিব্যক্তিৰ সকলো উপকৰণ এই কেইদিনতে পোৱা গৈছে। ইয়াৰ পৰা মুক্ত হোৱা কঠিন হয় কিন্তু অসম্ভৱ নহয়। ৬0ৰ দশকত 'কোহোৰাৰ' দৰে কিছু এডাল্ট মুভি ৰিলিজ পাইছিল কিন্তু তাক কিজানী চেঞ্চৰ বৰ্ডে এডাল্ত চাৰ্তিফিকেট দিয়াৰো যোগ্য নাভাৱিলে। ইয়াত এটা দৃশ্য আছিল যত দুখন পালেং আছিল, দুয়োৰ চেণ্ডেল বেলেগে বেলেগে আছিল, পিছলৈ দুয়ো চেণ্ডেল একেলগে থাকে তেতিয়া দৰ্শকে হাঁহিত থাকিব নোৱাৰে কাৰণ পৰিচালকে সহবাসৰ পিনে ইঙ্গিত কৰিছে। কিন্তু আজি নায়িকাই সংকোচ নকৰাকৈ চেক্স এক্ট কৰা দেখিবলৈ পাও। এই যাত্ৰা বৰ্তমান চৰম সীমাত গৈ পোৱা নাই কিন্তু নিশ্চিত থাকক যে ই নিশ্চয়ে গৈ পাব এদিন। সেই ধৰণে এডাল্ট চেনেলো বনিছে যেনেকৈ এডাল্ট পত্ৰিকাও ওলাইছে, আৰু বিক্ৰি হৈছে।

আচল সমস্যা হৈছে 'লক বক্স', চেনেলত তলা লগোৱা হয়। পশ্চিমী দেশত তলা লগোৱাৰ বিকশিত অৱস্থা উপলদ্ধ আছে। আৰুং ভাৰততো কোকশাস্ত্ৰ পৰা মিনিয়েচৰ পোৰ্নোগ্ৰাফীক এডাল্ট পুৰুষে লুকুৱাই ৰাখে। এইটো অন্য কথা হৈ যে কিশোৰ সকলে ডাঙৰ হৈ এই তলা সমূহ খুলি পেলায়। এক সময়ত পুৰ্ব পুৰুষে লুকাই যোৱা সম্পত্তি বিচাৰি ওলালে এক ফুৰ্টি পোৱা কথা শুনি কিশোৰ পাঠকৰ মনত শিহৰণ জন্ম কৰে। কমতে ইয়াক সাধাৰণ সাধু বুলি ধৰে। যেনেকৈ অভিনেত্ৰী কৰিস্মা কাপুৰে কৈছে যে এম.টি.ভি.ৰ গানৰ ভিডিওৰ তুলনাত আমাৰ 'চেক্সি-চেক্সি' গানত ভজন দেখিবলৈ পাওঁ।

তেতিয়াহলে আচল সমস্যা হল তলা আৰু মনত থকা জালৰ বাবে। এই তলা লগুৱাও হল আৰু ভঙাও হল। যদি তলা ভাঙিও যায় ইয়াৰ মতলব ই নহয় যে বেয়া হয় যায়। তেওঁলোকৰ লাগতিয়াল হৈ যে কাৰণ কিশোৰ সকলৰ সম্বেদনশীল মানসিকতাত এডাল্ট জীৱনৰ সকলো বিকৃতিয়ে নিজৰ ওপৰত নিগেটিভ প্ৰভাৱ পেলায়। দুখৰ কথা এয়ে যে পোৰ্নোগ্ৰাফী পৰ্দাত নিজৰ স্বস্হ ৰূপ কমত কমেই দেখিবলৈ পোৱা হয় আৰু ইয়াৰ বিকৃত ৰূপহে বেছিকৈ দেখুৱা হয়। উদাহৰণ স্বৰূপে চেক্সৰ সৈতে হিংসাৰ প্ৰতিক অত্যন্ত ভয়ানক হয়।

আধুনিক সমাজত আমি চেক্সক কেৱল কাৰ্পেতৰ তলত লুকাই ৰখাই নহয় বৰং তাক দমন কৰি ৰখাটো। আমাক ইয়াৰ সন্মুখিন টো হবই লাগিব। পাখণ্ড আৰু নৈতিকতা নথকাৰ সৈতে ই যুজিব নোৱাৰে। স্বাস্থ্য উপলক্ষে যোৱা আমাৰ লক্ষ্য হয় আৰু সময়ে-সময়ে সাহিত্য, চিনেমা, ৰঙ্গমঞ্চ, আদি ক্ষেত্ৰত এনে অসংখ্য উদাহৰণ আগলৈ আহে যি চেক্সৰ চিত্ৰণক কলালৈ বদলি কৰে আৰু বেছি নহলেও সুস্থ আৰু মানৱীয় ৰূপ প্ৰদান কৰে।

দুৰ্ভাগ্যবশত বা সোভাগ্যবশত আমি সকলো পাহৰি বা নষ্ট কৰি এতিয়া কমত পিছুৱাই যাব নোৱাৰো। যন্ত্ৰবিধিৰ সুবিধাও আমি পাইছো তেন্তে লোকচানৰ পৰা আমি কেনেকৈ বাচি যাম।

যোৱা দিনকেইটাত এডাল্ট ফিল্ম চেনেল প্লাছৰ কমত চৰ্চা চলি আছিল। দেশ ভৰত এই প্ৰশ্ন উঠিছিল যে এই এডাল্ট চেনেলে ভাৰতীয় জনমানস বিঁশেষকৈ কিশোৰ-কিশোৰীৰ উপৰত কেনে প্ৰভাৱ পৰিব। পিছলৈ ইয়াক বন্ধ কৰা হল। এই বিষয়ত বিভিন্ন বিশেষজ্ঞই নিজৰ-নিজৰ ৰায় দিছে। ইয়াত আমি কিছু বিচাৰ দি আছো যাতে কিশোৰ-কিশোৰীয়ে এই বিষয়ত মাৰ্গ-দৰ্শন কৰে।

আমাক এডাল্ট বস্তুক লাজ কৰাৰ আৱশ্যক নাই? এই বিষয়ত বিশেষজ্ঞৰ বিচাৰ হল ঃ

মাৰ্ক টল্লি (ভূতপূৰ্ব বি.চি.চি. সম্পাদদাতা)

এই ধৰণৰ চেনেল ভাৰততে নহয়, বিশ্বৰ কোনো দেশতে থাকিব নালাগে, কাৰণ ই অশলীল হয়। ইয়াত মানুহে প্ৰচীন ভাৰতীয় সংস্কৃতি আধাৰিত হোৱাৰ কথা কৈ আছে কিন্তু তেওঁৰ লাগে যে কোনো ধৰ্ম সংস্কৃতিৰ হিতত নাথাকে। ভাৰতক আধুনিক বনোৱাৰ এনে অৰ্থ নহয় যে পাশ্চত্য দেশত যি অশলীলতা আছে, তাক ইয়াতো অনা হয়। এই প্ৰকাৰৰ চেনেলৰ পৰা ভাৰতীয় সমাজত আৰু বিকৃতি আহিব তথা স্ত্ৰীৰ প্ৰতি যৌন অপৰাধৰ সংখ্যা বাঢ়ি গৈছে।

ৰজত কাপুৰ (চিত্ৰঅভীনেতা)

তেওঁৰ মানা আছে যে দৰ্শক হয়তো সৰু হওক বা ডাঙৰ,

কাৰ্যক্ৰম ভাল হোৱাটো উচিত। যি ধৰনৰ চিনেমা আমাৰ ইয়াত বনোৱা হৈছে, তাতকৈ দুখৰ কথা আৰু একো নাই। সাধাৰণ মানুহৰ বাবেই বাদেই, সৰু দৰ্শকৰ বাবেও যি ভংগৰ বনোৱা হয়, বেয়া লাগে। তেওঁৰ বিচাৰত ভংগৰ নবনোৱাকেও এডাল্ট বনাব পাৰি। তেওঁ এডাল্ট চেনেলক নালাগে বুলি নাই কোৱা কিন্তু চাব পৰা কে বনাওক, ইমান সাৰ নথকা বনিব নালাগে। আমি এডাল্ট বস্তুক লাজ কৰাৰ দৰ্কাৰ ননাই।

ৰাজগোপাল বজাজ (কাৰ্যকাৰী নিৰ্দেশক ৰা.না.ৱি.)

যি সকলে এই চেনেলৰ ওকালতি কৰি খজুৰাহৰ উদাহৰণ দি আছে, তেওঁলোকে একো সিদ্ধ কৰিব পৰা নাই। ই এনে এক স্হান হয় যত যাৰ ইচ্ছা সিয়ে যাব পাৰে কিন্তু চেনেলটো ঘৰে-ঘৰে গৈ পাব- যাক 21 প্লাস সকলেও চাব আৰু মাইনাস সকল যে ইয়াৰ পৰা প্ৰভাৱিত নহব, তেওঁ বিশ্বাস নকৰে।

কোৱাটো কঠিন হয় যে এই চেনেলৰ উদ্দেশ্য প্ৰাচীন সংস্কৃতিক আগলৈ অনা অধিক হয় নে ব্যৱসায়িক লাভ কমোৱা কিন্তু যেতিয়ালৈ আমাৰ সমাজ শিক্ষিত আৰু বৈচাৰিক স্তৰত বয়স্ক নহয় তেতিয়ালৈ এনে চেনেল মাৰাত্মক হয়। ইয়াত পশ্চিমৰ বতাহ নচলিব কাৰণ ইয়াত কাহানিও সহশিক্ষা, যৌনশিক্ষা দিয়া হোৱা নাই, সেয়ে ই ভাৰতীয় জনমানসক উদাৰ আৰু অন্য ধাৰণাৰ স্হানত অধিক বিকৃতিহে ঘটাব। কিন্তু ইয়াক প্ৰতিবন্ধিত কৰিলেও একো নহয়। আমাক সমাজত খুলাপণ আনিব লাগে আৰু এনে সংস্কাৰ বিকশিত কৰিব লাগে যাতে তাত কুপ্ৰভাৱ নাথাকে, কিন্তু এই বিকাশ ক্ৰমিক ৰূপেৰে হব লাগে।

দিলিপ পদগাৱঁকৰ (পত্ৰকাৰ তথা মিদিয়া বিশেষজ্ঞ)

বিশ্বতে চেতেলাইত চেনেলৰ দ্বাৰা পোৰ্ণোগ্ৰাফী দেখুৱা হয় আৰু মানুহে তাত বিশেষ ৰস লই তেতিয়াহলে এই নতুন চেনেলৰ দৰ্শকৰ কিবা নহয় কিবা অভাৱ আছে। লগতে বিজ্ঞাপনদাতা সকলো খুব মিলিব কিন্তু তেওঁলোকে প্ৰথমতে এডিটোৰিয়েল এনভাইৰোনমেণ্ট মন কৰে। যদি সেয়া ঠিক হয় তেতিয়াহে বিজ্ঞাপনত আহে, তথা ইয়াত মহিলা দৰ্শক কম থাকে, সেয়ে বিজ্ঞাপন কম হৈ যাব কাৰণ

অধিক বিজ্ঞাপনৰ লক্ষ্য স্ত্ৰী উপভোক্তাই হয়। ইয়াৰ পৰা চেনেল বনাই আৰ্থিক সমস্যাৰ পৰা বাহিৰ হব পাৰো কিন্তু ইয়াতো কিজানি সামাজিক আৰু ৰাজনৈতিক সংগঠনৰ বিৰোধৰ সম্মুখিন হব লাগিব।

ই ভাল হয় বা বেয়া, ই অন্য কথা হয় আৰু এই অন্য কথা হয় যে- ডাইৰেক্ট টো হোম টেক্নোলোজী,ত ইয়াক ৰখা কোনো সাধন নাই।

কে.বিক্ৰম সিং (ফিল্ম আৰু টি.ভি. কাৰ্যক্ৰম নিৰ্মাতা)

আমাৰ দেশত এই চেনেলৰ কি আৱশ্যক হয়? ইয়াৰ আগতে এইটো বুজি লোৱা উচিত যে আৱশ্যকতা আৰু বিচৰাত পাৰ্থক্য আছে। আমাৰ ইয়াত আগৰ পৰাই স্বদেশী শীতল পানী উপলব্ধ আছে আৰু বাহিৰৰ আৱশ্যকতা নাই। কিন্তু বিচৰা হয় বিদেশী শীতল পানীয়ে, সেয়ে তেওঁলোকে স্থান পাইছে। আমাৰ ইয়াত অলেখ সংখ্যাত ব্লু-ফিল্ম দেখুৱা হয়।

সেয়ে এই চেনেল অধিক মাত্ৰাত বিচৰা হৈছে। তেওঁ মূলত চেঞ্চৰচিপৰ বিপক্ষে আছে, সৰু লৰা-ছোৱালীয়ে চিত্ৰহাৰৰ ৰূপত ভাৰতীয় পোৰ্নোগ্ৰাফী চাই আছে। ইয়াক খুলাকৈ দিলে কি আপত্তি? মিডিয়াক নিয়ন্ত্ৰিত কৰাৰ কোনো আৱশ্যকতা নাই আৰু মিডিয়া বিস্তাৰৰ এই যুগত কোনো চেনেলত চেঞ্চৰচিপ দিয়া ভূল বুলি ভাৱে।

চেক্সক লৈ কি আমি ভাৰতীয় শিশুৱে আছু নেকি?

প্ৰিতীশ নন্দী (কবি, পত্ৰকাৰ আৰু মিডিয়াকৰ্মী)

ভাৰতীয় মহিলা চেক্সৰ জ্ঞানৰ তুলনাত বিশ্বৰ কোনো স্থানৰ মহিলাতকৈ অধিক পৰিপক্ক হয়। তেওঁ নিজৰ ব্যৱহাৰত কমতেই ৰচনাত্মক, সাহসি আৰু দায়িত্বশীল হয়। তেওঁ নিজৰ স্ত্ৰীত্ব আৰু যৌন ৰূপক সুন্দৰকৈ স্হকপন কৰে আৰু পুৰুষৰ স্পৃহাৰ পৰা আতঁৰত থাকে। যদি কোনো স্থানৰ চিনাকি দেশৰ মহিলাৰ জ্ঞানৰ ফালৰ পৰা হয় তেন্তে আমি ভাৰতীয় চেক্সৰ বিষয়ত যথেষ্ট পৰিপক্ক হয়।

বিনা ৰমানী (মনোবৈজ্ঞানিক উপদেশকৰ্তা)

চেক্সৰ দৃষ্টিত ভাৰতীয় মস্তিষ্ক কমত দমিত হয়। চেক্স দুই বিপৰিত লিংগৰ মাজত এক স্বাভাৱিক ক্ৰিয়া হয়। কিন্তু এতিয়াৰ যেনে ধাৰণা হৈছে সেয়া বলিয়ুদৰ পৰা বেয়াকৈ প্ৰভাৱিত হৈছে।

যি দৃষ্টিৰে আমি চেক্সক চাওঁ সেয়া সম্পুৰ্ণ বলিয়ুদৰ ৰূপত হৈছে। এইটো বৰ দুখৰ কথা হয় যে জনতাই মুম্বাইৰ চিনেমাৰ পৰা শিকে যি বেছি সময়তে চেক্সক লৈ ভূল সংকেত আৰু বিচাৰ দৰ্শাই। এয়ে কাৰণ হয় যে দেশত ধৰ্ষণ আৰু হিংসাৰ ঘটনা ইমান বৃদ্ধি পাইছে।

শোভা ডে (ইংৰাজী লিখক আৰু স্তম্ভকাৰ)

কিজানি আজিও এই কথা কোনোৱে ভূল বুলি নাভাবিব যে ভাৰতত চেক্স এক বতাহৰ দৰে হয়।

মূলত এডাল্ট শব্দৰ অৰ্থ কি হয়, চেক্সৰ প্ৰতি পৰিপক্ক বিচাৰ থকা। সকলো বৰ্জনা, নেদেখা বস্তু আৰু ভূল সূচনাৰ মাজত ভাৰতীয়ক আজিও এই কথা লৈ দোষ দিব নোৱাৰি যে ব্যৱহাৰত এতিয়াও অবয়স্ক হৈয়ে আছে।

এলিক পদম্সী (ৰঙকৰ্মী আৰু বিজ্ঞাপনকাৰ)

প্ৰাচীন কালত যেতিয়া খজুৰাহোৰ কাম প্ৰধান মুৰ্ত্তিশিল্প বনে, কামসূত্ৰ লিখা হয় তেতিয়া ভাৰতীয় নিশ্চিত ৰূপত চেক্সক লৈ পৰ্যাপ্ত পৰিপক্ক আছিল, কিন্তু মূগল আৰু ব্ৰিটিসৰ সময়চোৱাত নিৰ্দয়াতাপুৰ্বক খজুৰাহোক আবৃত্ত কৰি দিয়া হয় আৰু কামসুত্ৰ প্ৰতিবন্ধিত কৰা হয়, তেওঁৰ বিশ্বাস আছে যে জনতাই চেক্স সম্বন্ধী বিষয়ৰ পৰা মুক্তি পোৱাত সক্ষম হয়, ই এক চেঞ্চৰ হৈ যিয়ে চেক্সক এক বেয়া শব্দ বনাই দিছে।

●●●

চেক্স কুইজ

জ্ঞানৰ এই যুগত আজি কোনো লোকে নজনা হৈ থাকিব নিবিচাৰে। চেক্স এতিয়া আগৰ দৰে লাজৰ বিষয় নহয়। ই এক সাধাৰণ কথা হয়, ইয়াক আমি অধিক ভাবে বিচাৰি বিশ্লেষণ কৰিব পাৰো কিন্তু দুখৰ কথা এয়ে হয় যে এতিয়াও কমত লোকে চেক্সৰ বিষয়ে কল্পনাৰ সহায় লৈ জিয়াই থাকে। অলপ মন কৰক চোন আপোনাৰ স্হিতি কত আছে।

প্ৰশ্ন - হস্তমৈথুনৰ পৰা মানুহৰ স্বাস্থ্যত বেয়া প্ৰভাৱ পৰেনে আৰু তেওঁ সামান্যভাৱে নাথাকে নেকি ?

উত্তৰ - নহয়। হস্তমৈথুন বিকাশৰ সময়ত নিজকে চিনাৰ এক উপায় আছে। এয়ে নহয়, বয়স্ক প্ৰেমৰ সময়তো ই এক উত্তেজক প্ৰক্ৰিয়া হব পাৰে।

প্ৰশ্ন - চেক্স বৈবাহিক জীৱনৰ সকলোতকৈ লাগতিয়াল ভাগ হয় নেকি ?

উত্তৰ - নহয়। চেক্স-সম্বন্ধ সুখী বৈবাহিক জীৱনৰ এক সৰু চাই ভাগ হয়। ইয়াক নকৰাকৈও মানুহ সুস্থ হৈ থাকিব পাৰে।

প্ৰশ্ন - দেৰিকৈ বিয়াহ পাতিলে চেক্সত প্ৰভাৱ পেলাই নেকি ?

উত্তৰ - নহয়। নিজৰ লগক ভালকৈ পৰিচয় লৈ চেক্স-সম্বন্ধক অধিক সন্তোষপ্ৰদ গঢ়িব পাৰি।

প্ৰশ্ন - চেক্স জীৱন মানুহৰ 40 বছৰলৈ থাকি সমাপ্ত হৈ যায় নেকি ?

উত্তৰ - নহয়। সুস্থ চেক্সৰ যুগল আনন্দ 80 বছৰ বয়সতো লব পাৰি।

প্ৰশ্ন - উত্তম চেক্সৰ বাবে প্ৰায়ে কৰা দৰ্কাৰ নেকি ?

উত্তৰ - নহয়। যদি এটা প্ৰয়োগ বেয়া নাই লগা তেন্তে তাক ব্যৱহাৰ কৰি থাকিব পাৰে। বিশেষকৈ তেতিয়া যেতিয়া সঙ্গীয়ে প্ৰয়োগ কৰাটো বেয়া পায়।

প্ৰশ্ন - ভাল পত্নিয়ে পতিৰ চেক্স ইচ্চা পুৰ্ণ কৰিব লাগেনে যদিও তেওঁৰ মন নাথাকে ?

উত্তৰ - নহয়। এই প্ৰকাৰে বৈবাহিক সম্বন্ধত সংহাত আহিব পাৰে। পত্নিয়ে এইটো ভাৱ লৈ যে তেওঁ ইচ্চুক নোহোৱাকৈও কৰিব লগা হৈছে।

প্ৰশ্ন - পুৰুষক স্ত্ৰীৰ পৰা অধিক চেক্স লাগে নেকি ?

উত্তৰ - নহয়। স্ত্ৰীৰ তাতো সমানে থাকে। মানি লওঁক কোনোৰ তাত কমকৈ থাকে তথাপিও চেক্সে স্ত্ৰীক পুৰুষৰ ভাগি হোৱালৈ লৈ আহে।

প্ৰশ্ন - কেতিয়াবা ঘৰৰ বাহিৰৰ ৰোমাঞ্চ বৈবাহিক জীৱনক সহায় কৰেনে ?

উত্তৰ - নহয়। বাহিৰৰ ৰোমাঞ্চ বৈবাহিক জীৱনৰ বাবে লোকচান কৰিব পাৰে, কাৰণ অন্য সঙ্গী পোৱা জন লাহে-লাহে ঘৰত চেক্স কৰি ভাল নাপাব পাৰে। তেওঁ নিজকে অপৰাধী ৰূপে গঢ়ি লয়।

প্ৰশ্ন - নপুংসকতাৰ অৰ্থ কি হয় ?

উত্তৰ - সাধাৰণতে নপুংসক লোকে এই যোগ্য নহয় যে তেওঁ নিজৰ পত্নিক সন্তুষ্ট কৰিব নোৱাৰে।

ই দুই প্ৰকাৰৰ হয় -

1. বাস্তৱিক নপুংসতা,

2. অৰ্জিত বা মানসিক নপুংসতা।

তৃতীয় প্ৰকাৰৰ নপুংসকতাক আমি এনে অৱস্থাক কওঁ যত যৌনত্তেজনাৰ সময়ত লিঙ্গৰ পৰা শীঘ্ৰেই বীৰ্যপাত হৈ যায় যাৰ বাবে সফল ৰতি ক্ৰিয়া সম্ভৱ নহয়।

প্ৰশ্ন - বাস্তৱিকতা আৰু অৰ্জিত নপুংসতাক কি পাৰ্থক্য আছে ?

উত্তৰ - বাস্তৱিক নপুংসকতা ই হয় যত পুৰুষৰ শিশনত উৎথান উৎপন্নই নহয়।

অৰ্জিত বা মানসিক নপুংসকতাৰ কাৰণ অকল মানসিকে হয়। এই প্ৰকাৰৰ নপুংসকতাত যৌনত্তেজনা উৎপন্ন হয় আৰু লিঙ্গ ৎথানো হয়, কিন্তু মানসিক প্ৰভাৱৰ পৰা অত্যধিক প্ৰভাৱিত হয় আৰু পুৰুষে স্ত্ৰীক মৈথুনৰ সহায়ত কেৱল সন্তুস্ট কৰিব নোৱৰাই নহয় বৰং মৈথুন কৰাত সফলো নহয়।

প্ৰশ্ন - নপুংসতাৰ এই দুটা অৱস্হাৰ কাৰণ কি কি হয় ?

উত্তৰ - পুৰ্ণ নপুংসকতাৰ কাৰণ শাৰীৰিক হয়।

অৰ্জিত নপুংসকতা মানসিক কাৰণৰ পৰা জম হয়, যেনে কোনো প্ৰকাৰৰ মানসিক ভয়, চিন্তা, আদি।

অৰ্থাত এই প্ৰকাৰৰ নপুংসকতাৰ এই সকলো কাৰণ হয় যি শীঘ্ৰপতনৰ মানসিক অৱস্হাত উৎপন্ন হয়।

শাৰীৰিক কাৰণৰ বিষয়ে কথা আগ বঢ়োৱাৰ আগতে আমি এই কথা বুজি লোৱা উচিত যে যৌনত্তেজনা কেনেকৈ উৎপন্ন হয়। তথা লিঙ্গৎথান কেনেকৈ হয় ?

লিঙ্গৰ গঢ় টান তত্তৰে নাই গঢ়া, ইয়াত উৎথানশীল তত্ত থাকে। মনে যেতিয়া যৌনেচ্ছা অনুভৱ কৰে তেতিয়া মস্তিস্কৰ মাধ্যমেৰে শিশনৰ ফালে ৰক্ত সঞ্চাৰ হয় আৰু শিশন ডাঙৰ হৈ উঠে আৰু টান হৈ পৰে।

অৰ্থাত এই তত্তৰে লিঙ্গৎথানৰ সকলোতকৈ মহত্বপুৰ্ণ ভূমিকা গ্ৰহণ কৰে। কোনো কাৰণত যেতিয়া এই তত্তৰে কাম নকৰে তেতিয়া কোনো প্ৰকাৰে লিঙ্গৰ উৎথান নহয়।

ই বাস্তৱিক নপুংসকতাৰ অৱস্হা হয়।

ইয়াৰ বাবে যি অন্য শাৰীৰিক কাৰণ কোৱা হৈছে, সেয়া হল -

1. হৰ্মোন-সম্বন্ধী দোষ।

2. শাৰীৰিক দুৰ্বলতা, আৰু

3. কোনো অন্য শাৰীৰিক বিকাৰ।

প্ৰশ্ন - ৰতিক্ৰিয়া কি কষ্টদায়ক হয় ?

উত্তৰ - সাধাৰণতে আৰু সামান্য পৰিস্হিতিত ৰতিক্ৰিয়া কষ্টদায়ক নহয়।

কিন্তু কোনো বিশেষ অৱস্হা এনে হয় যে অলপ কষ্ট পোৱা যায়। এনে অৱস্হা হব পাৰে যেতিয়া-

1. বিবাহৰ পিছত প্ৰাৰম্ভিক ৰতিক্ৰিয়া।

2. কোনো শাৰীৰিক বিকাৰৰ কাৰণে।

প্ৰশ্ন - কষ্টপ্ৰদ ৰতিক্ৰিয়াৰ বিকাৰৰ কি কি কাৰণ থাকে ?

উত্তৰ - বিবাহৰ পিছত প্ৰৰম্ভিক ৰতিক্ৰিয়াৰ সময়ত সাধাৰণতে কষ্ট এই বাবে পোৱা যায় কাৰণ যোনী সংকুচিত হৈ থাকে আৰু শিশনক গ্ৰহণ কৰা সময়ত অলপ কষ্ট অনুভৱ হয়, কিন্তু পিছলৈ বিষ কমি যায়।

যোনীৰ পৰ্দা চিঙাৰ সময়তো সাধাৰণ কষ্ট অনুভৱ হোৱা স্বাভাৱিক হয়।

কষ্টপ্ৰদ ৰতিক্ৰিয়াৰ শাৰীৰিক দুটা কাৰণ আছে-

1. জন্মজাত।

2. অৰ্জিত।

জন্মজাত শাৰীৰিক কাৰণ ই হয় যে যি জন্মৰ পৰাই বিকাশৰ ৰূপত শৰীৰিৰ আকৃতিত প্ৰভাৱ পেলায়- অৰ্থাত সন্তানৰ জন্মৰ সৈতে শাৰীৰিক ৰচনাত কোনো বিকাৰ জন্ম হয়, যি পিছলৈ সমানে বিকশিত হৈ থাকে।

এনে বিভিন্ন জন্মজাত শাৰীৰিক কাৰণ ই হব পাৰে যে-

যোনীৰ সুক্ষ্মতা।

যোনীৰ সংকীৰ্ণতা।

যোনীৰ অপুৰ্ণ বিকাস।

যোনী মাৰ্গৰ তন্তু অথবা অন্য এনে কোনো কাৰণৰ বিকাৰ উৎপন্ন হোৱাৰ বাবে, যোনী মাৰ্গ বন্ধ হোৱাৰ দৰে হয়।

জিল্লী বা পৰ্দা সামান্যতকৈ অধিক শকত হোৱা, এই কাৰণে ফাঁটি নোযোৱা।

সাধাৰণতে এই সকলো জন্মজাত কাৰণ হয়। যাৰ উপস্হিতিত ৰতিক্ৰিয়া অধিক কষ্টপ্ৰদ হয়।

অৰ্জিত কাৰণ ই হয় যে যি জন্মৰ সময়ত নহয় কিন্তু পিছলৈ হোৱাৰ উপক্ৰম হয়। এনে কিছু প্ৰমূখ অৰ্জিত কাৰণ শল্যক্ৰিয়াৰ সহায়ত চিকিৎসা কৰা হয়।

যদি কাৰণ মানসিক হৈ তেন্তে পতিক লাগে যে এই কাৰণৰ বিষয়ে জানক আৰু প্ৰেম তথা সহানুভূতিপুৰ্ণ ব্যৱহাৰ দ্বাৰা নিজৰ পত্নিক বিশ্বাসত লয়। তেওঁক চেক্স সম্বন্ধত সচাঁ জ্ঞান দিয়ে।

প্ৰশ্ন - অতিকামুকতাৰ কি অৰ্থ হয়?

উত্তৰ - অতিকামুকতাৰ অৰ্থ হয়- যৌনৰ এনে ভাৱনা যি কেতিয়াও সন্তুষ্ট হব নোৱাৰে।

অৰ্থাত যি স্ত্ৰী-পুৰুষৰ যৌনৰ এনে ভাৱ আছে, তেওঁলোক কেতিয়াও সন্তুষ্ট হব নোৱাৰে- দিনে-ৰাতিয়ে ৰতিক্ৰিয়াত ব্যস্ত থাকিলেওঁ।

অতিকামুকতা পুৰুষৰ ক্ষেত্ৰত 'কামোন্মাদ' বুলি কোৱা হয় আৰু যদি স্ত্ৰীৰ ক্ষেত্ৰত হয় তেন্তে 'স্ত্ৰীকামোন্মদ' কোৱা হয়।

প্ৰশ্ন - অতিকামুকতাৰ এই অৱস্হা কি জীৱনৰ কোনো বিশেষ কালত উৎপন্ন হয় নেকি? অতিকামুকতাৰ চিকাৰ কোন মানুহ হয়?

উত্তৰ- পুৰুষৰতাত এই অৱস্হা জীৱনৰ যৌৱনকালত উৎপন্ন হয় বা এনে সময়ত হয় যেতিয়া জীৱনত অন্ধকাৰৰ পিছত যৌন শক্তি কমিব ধৰে।

স্ত্ৰীৰ ক্ষেত্ৰতো এই অৱস্হা পুৰুষৰ দৰে জন্ম হয়, কিন্তু অধিকসময়ত পুৰ্ণ যৌৱনকালত এনে হয়।

অতিকামুকতাৰ চিকাৰ হোৱা স্ত্রী-পুৰুষ প্রায়ে মানসিক ভাৱে সুস্থ নহয়, কাৰণ এই বিকাৰৰ মূলত মানসিক প্রভাৱ অত্যন্ত তীব্র হয়, এয়ে কাৰণ হয় যে অতিকামুকতাক চেক্সৰ পাগলপন বুলিও কয়।

প্রশ্ন ঃ অতিকামুকতাৰ চিকাৰ হোৱ স্ত্রী পুৰুষে সফল বৈবাহিক সম্বন্ধ স্থাপিত কৰিব পাৰেনে ?

উত্তৰ ঃ এনে লোকৰ বৈবহিক জীৱন সাধাৰণতে সফল নহয়। কাৰণ- গৰ্ভাশয়, গৰ্ভাশয় গ্রিভা, যোনী মাৰ্গ, যোনী আদি প্রজনন অংগৰ পৰা সম্বন্ধ তন্তুৰ প্রদাহ,

মূত্রাশয় বা মূত্র নলীকাৰ প্রদাহ

প্রসৱৰ পিছত প্রজনন অংগত উৎপন্ন হোৱা কোনো বিকাৰ

গৰ্ভাশয় নিজৰ স্থানৰ পৰা ফালৰি কটা তথা

কোনো এনে ৰোগ যাৰ বাবে প্রজনন অংগত প্রভাৱ পৰে।

প্রশ্ন ঃ উপদংশ আৰু প্রমেহ আদি ৰোগক কি যৌন বিধি বুলি কোৱা হব ? এই ৰোগ কিয় আৰু কেনেকৈ উৎপন্ন হয় তথা ইয়াৰ চিকিৎসা কি হব লাগে ?

উত্তৰ ঃ উপদংশ, প্রমেহ আদি ৰোগ বাস্তৱত সংক্রমক ৰোগ হয়, কিন্তু ইয়াৰ সম্বন্ধ প্রজনন অংগ হৈতে হোৱাৰ বাবে ইয়াক যৌন ৰোগো কব পাৰি।

এই ৰোগৰ উৎপত্তি দুই মূখ্য কাৰণত হয়- 1. জন্মজাত 2. অৰ্জিত

জন্মজাত কাৰণত ৰোগ মা দেউতাৰ পৰা পোৱা হয়। অৰ্জিত কাৰণ বিভিন্ন প্রকাৰৰ হব পাৰে- যেনে এই ৰোগৰ গ্রস্থ পাত্রৰ সৈতে সহবাস,

ৰোগৰ পৰা গ্রস্থ পাত্রৰ প্রয়োগৰ বস্তুৰ ব্যৱহাৰ, যৌন অংগ চাফ চিকুনকৈ ৰখাত ব্যতিক্রম আদি।

এই ৰোগৰ অৰ্জিত কাৰণৰ পৰা বাচিবৰ বাবে উপযুক্ত কথাক ধ্যানত ৰাখিব লাগে। তথা অন্য সেই সকলো মন দিব লাগে যৰ পৰা সুচৰা ৰোগৰ সৃষ্টি হয় আৰু বিয়পে।

যেতিয়াই এনে ৰোগৰ উৎপত্তি হয় তেতিয়া অতি সোনকালে ডাক্টৰৰ পৰামৰ্শ লব লাগে।

প্ৰশ্ন ঃ যদি কোনো ব্যক্তিৰ ধাত ৰোগ হয়- অৰ্থাৎ মূত্ৰ কৰাৰ সময়ৰ ঠিক আগতে বা পিছত এটুপ দুটোপকৈ ধাত পৰে, তেন্তে তাৰ উপাচাৰ কি হব লাগে ?

উত্তৰ ঃ এনে কোনো ৰোগ কোনো লোককে নহয়- সেয়ে এনে ৰোগ নাই।

পেচাৱ কৰাৰ আগতে বা পিছত এটুপ দুটোপকৈ অহা বগা পদাৰ্থক সাধাৰণ মানুহে বীৰ্য বুলি ভাৱে, কিন্তু এইটো বীৰ্য নহয়। কম বাৰ পেচাৱ কৰোতে গবা ৰঙৰ পদাৰ্থ মিলি আহে তথা ইয়াক বীৰ্য বুলি কোৱা হয়। বাস্তৱিকতাতে ইয়াতো এয়ে হয় যে ই বীৰ্য নহয়।

এই দুয়ো অৱস্থাক আমি পৃথক ৰূপত বিচাৰ কৰো আহক-

কম সময়ৰ পিছত বা আগতে যেতিয়া পেচাৱ কৰো তেতিয়া এটুপ দুটোপকৈ বগা পদাৰ্থ আহে ই পুৰুষৰ কাউপাৰ গ্ৰন্থিৰ ৰস হয়। যেতিয়া কোনো ব্যক্তিয়ে সাধাৰণ যৌনেচ্ছা অনুভৱ কৰে তেতিয়া এই গ্ৰন্থিয়ে অতি সোনকালে নিজৰ কাৰ্য্য আৰম্ভ কৰি দিয়ে তথা ৰস এৰিব ধৰে। এই ৰস আটাইবোৰ ৰাস্তালৈ বিয়পি পৰে যৰ পৰা বীৰ্য বাহিৰলৈ আহিব ধৰে।

গ্ৰন্থি ৰসৰ দুই মূখ্য উদ্দেশ্য আছে- প্ৰথমতে এইটো হয় যে ৰস প্ৰৱাহিত হৈ ৰাস্তাক চাফা আৰু পাতল কৰি দিয়ে আৰু দ্বিতীয়তে বীৰ্যত পোৱা শুক্ৰাণুৰ সুৰক্ষা। মূত্ৰৰ গোন্ধ অম্লিয় হয়। বীৰ্যত পোৱা শুক্ৰাণু অম্লিয়ৰ প্ৰভাৱত মৰিব পাৰে। সেয়েহে কাউপাৰ গ্ৰন্থিৰ ৰস সেই সকলো মাৰ্গৰ অম্লিয় প্ৰভাৱক দুৰ কৰি দিয়ে।

যৌনেচ্ছাৰ প্ৰভাৱত অতিৰিক্ত কাউপাৰ গ্ৰন্থি কোনো অন্য ভিতৰি প্ৰভাৱৰ দ্বাৰা ৰস এৰে।

এটোপ দুটোপকৈ অহা পাতল পদাৰ্থ বীৰ্য নহয় বৰঞ্চ উপৰোক্ত কাউপাৰ গ্ৰন্থিৰ ৰস হয় যি প্ৰথমে উৎপন্ন হয়, যৌনত্তেজনা, ক্ষণিক যৌনেচ্ছা অথবা কোনো আন্তৰিক প্ৰভাৱৰ কাৰণে কিছু সামান্য মাত্ৰাত ৰখি যায় তথা মূত্ৰ ত্যাগৰ আগত বা পিছত উলায় যায়।

কাৰণ এইটো তৰল পদাৰ্থ বীৰ্য নহয় বৰং গ্ৰন্থি ৰস হয় সেয়ে ইয়াৰ পৰা একো হানি নহয়।

এতিয়া মূত্ৰৰ সৈতে অহা বগা পদাৰ্থৰ কথাক লওক। কিন্তু আমি প্ৰথমতে জানি লোৱা ভাল হব যে মূত্ৰ আৰু বীৰ্যৰ মিলন সম্ভৱ হয়নে ? বীৰ্যই (কম বা অধিক মাত্ৰাত) মূত্ৰৰ সৈতে মিলি বাহিৰ আহিব পাৰেনে ?

এই দুয়োটা প্ৰশ্ন স্পষ্ট আৰু শুদ্ধ উত্তৰ নহয়। বীৰ্য আৰু মূত্ৰৰ মিলন সম্ভৱ নহয়।

শিশনৰ ভিতৰৰ পৰা বহিৰ আহিব লগা এটা মাৰ্গ হয়। যাৰ দ্বাৰা বীৰ্য আৰু মূত্ৰ দুয়ো আহে কিন্তু

একেলগে নহয়। প্ৰকৃতিয়ে কিছু এনে ব্যৱস্থা কৰি ৰাখিছে যে এটা সময়ত কেৱল এটাই বস্তু (বীৰ্য বা মূত্ৰ) বাহিৰ আহিব পাৰে। যৰ পৰা শিশনৰ ভিতৰৰ মাৰ্গ আৰম্ভ হয়, তাত বীৰ্য আৰু মূত্ৰ দুয়োটাৰে নলীকাৰ আকাৰ মিলিত হয়। সামান্য অৱস্হাত মূত্ৰ নলীকা খোলা থাকে, যাতে মূত্ৰ ত্যাগ কৰিব পাৰে। কিন্তু যৌনত্তেজনা উৎপন্ন হোৱাৰ কাৰণে যেতিয়া শিশন উঠি যায় তেতিয়া মূখ্য নলীকাৰ মাৰ্গ বন্ধ হৈ যায় তথা বীৰ্য নলীকাৰ মাৰ্গ খোল খাই যায়। ঠিক সেই স্হানতে এটা এনে বাল্ব লাগি থাকে যি নিজে প্ৰকৃতিৰ ব্যৱস্হাৰ সঞ্চালন কৰি থাকে। এই বাল্ব অৱস্হানুসাৰে এই মাৰ্গক নিয়ন্ত্ৰণ কৰি থাকে।

এই প্ৰকাৰে এই কথা স্পষ্ট হৈ যায় যে এই মাৰ্গেৰে এটা সময়ত বীৰ্য আৰু মূত্ৰ দুয়োটা একেলেগ বাহিৰ আহিব নোৱাৰে আৰু এই দুয়োটাৰ মিলনো সম্ভৱ নহয়। সেয়েহে মূত্ৰৰ সৈতে মিলি অহা বগা পদাৰ্থ বীৰ্য হব নোৱাৰে।

তেন্তে প্ৰশ্ন উঠে যে এই বগা পদাৰ্থ কি হয় ?

বাস্তৱত এই প্ৰকাৰৰ বগা পদাৰ্থ মূত্ৰ পোৱা 'ফচফেট চল্ট' (লৱণ) যায় যি তেতিয়াই জম হয় যেতিয়া পেটত কোনো প্ৰকাৰৰ অসুবিধা সৃষ্টি হয়। এই অৱস্হাত সৃষ্টি হোৱাৰ পিছত এইটো (ফচফেট চল্ট' মূত্ৰৰ লগত মিলি বাহিৰলৈ উলায়।

হৈটো "ফচফেট' বগা ৰঙৰ হয় সেইকাৰণে দৃষ্টি পৰে যে মূত্ৰৰ লগত মিলাৰ পিছত কমবাৰ ঘূলি নাযায়। খোৱা লোৱাত টেঙা পদাৰ্থৰ অধিক সেৱনত মূত্ৰৰ অম্লিয় গুণ কম হৈ যায়। এনে হলে ফচফেট ঘূলি নাযায় বৰং তেনেকৈ মূত্ৰ ত্যাগ সয়য়ত বাহিৰলৈ আহি যায়।

যি মানুহক এই প্ৰকাৰৰ অভিযোগ থাকে তেওঁলোকৰ পেট বেয়া হব পাৰে। অপশয় গেচ, শৌচ বন্ধ আদি হোৱাৰ বাবে পেট বেয় হয় তথা এই অসুবিধা দুৰ কৰিলে এই সমস্যাৰ পৰা সহজে মুক্তি পাব পাৰি। ইয়াৰ উপাচাৰ এইটো হয় যে শুদ্ধ জানকাৰি প্ৰাপ্ত কৰাৰ পিছত মানসিক চিন্তাক দুৰ কৰিব পাৰি তথা সাধাৰণ ভোজন লোৱা আৰু পেটক সম্ভালি ৰাখিলে ইয়াৰ পৰা উৎপন্ন হোৱা পেটৰ বিকাৰক চিকিৎসা কৰিব পৰা যায়।

প্ৰশ্ন - কোৱা হয় যে স্ত্ৰী শান্ত হয়নে ? ইয়াত শান্তভাৱ কাক বুজাই ?

উত্তৰ - স্ত্ৰীৰ শান্তভাৱ চেক্সৰ এনে সমস্যা হয় যাৰ পৰা পিড়ীত স্ত্ৰী ৰতিক্ৰিয়াৰ সময়ত পতিক সহযোগ নকৰে আৰু যৌনসুখৰ অনুভূতিও নাপায়। কোনো শান্ত স্ত্ৰীৰ সৈতে কৰা সহবাস নিজেই স্ত্ৰীৰ বাবে ৰুচিৰ বিষয় হৈ নাথাকে।

যি ধৰণে পুৰুষৰ চেক্স জীৱনৰ এটা সমস্যা নপুংসতা হয়, তেনেকৈ মিলা-জুলা স্ত্ৰীৰ চেক্স জীৱনৰ সমস্যা তেওঁলোকৰ শান্তভাৱ হয়। ইংৰাজীত ইয়াক 'ফ্ৰিজিডিতি' বুলি কোৱা হয়।

প্ৰশ্ন - শৰীৰৰ এই অঙ্গ লিঙ্গ নোহোৱা হব পাৰেনেকি আৰু নিজে যৌত পৰিৱৰ্তন হব পাৰেনেকি ?

উত্তৰ - যি ব্যক্তিক প্ৰকৃতিয়ে সম্ভোগৰ যোগ্য লিঙ্গ দিছে আৰু সেই যুৱকৰ লিঙ্গ পৰিবৰ্তন নহব। যৌন পৰিৱৰ্তন এনেই হব নোৱাৰে।

প্ৰশ্ন - কুমাৰীপনত সকলো ছোৱালীৰে জিল্লী বা পৰ্দা থাকেনে ?

উত্তৰ - থকাত সকলোৰে থাকে কিন্তু বিবাহলৈ যে সকলোৰে থাকিব সেয়া সম্ভৱ নহয়।

প্ৰশ্ন - কাৰো সৈতে সম্ভোগ নকৰাকৈ এই পৰ্দা ফাটিব পাৰেনে ?

উত্তৰ - খেলা-ধূলা, ঘোঁৰা চলোৱা, চাইক্লিং তথা জিম্নাস্তিকত ভাগ লোৱা ছোৱালীৰ সাধাৰণতে চিঙা থাকে। কিন্তু এনে জিল্লীও আছে যি সন্তান হোৱাৰ সময়লৈ কিছু পোৱা যায়। সম্ভোগত ফাটি যোৱাটো আৱশ্যক নহয়। প্ৰথম সম্ভোগত কষ্ট পোৱাহে আৱশ্যক হয়।

প্ৰশ্ন - সম্ভোগৰ বাবে মৃত্যু হব পাৰেনেকি ?

উত্তৰ - সাধাৰণতে নহয়। যাৰ কোনো অন্য কাৰণত মৃত্যু হব লগাত থাকে, সেয়া সম্ভোগৰ সময়তো হব পাৰে। হয়, হৃদৰোগী যি কমত দুৰ্বল আৰু বয়সিয়াল হয়, সম্ভোগৰ সময়ত মৃত্যু হব পাৰে। আনন্দৰ মাজতেই তেওঁ পৰমপিতাৰ আপোন হব পাৰে।

প্ৰশ্ন - লিঙ্গ চুই গলে অথবা যোনীত বীৰ্য নপৰিলে গৰ্ভৱতী হোৱা যায়নে ?

উত্তৰ - এনে ভাৱে নহয়। কিন্তু এনে ঘটনা যেতিয়া আগলৈ আহিল তেতিয়া পোৱা গল যে লিঙ্গ মুডত শুক্ৰ বিজাণু লাগি আছিল। ই যোনীত লাগিলে আৰু গৰ্ভাশয়ত গৈ গৰ্ভৱতী কৰি তোলিলে।

প্ৰশ্ন - স্ত্ৰীয়ে কেতিয়াবা বান্দৰ, গৰু বা কোনো অন্য জন্তু জন্ম দিব পাৰেনে ?

উত্তৰ - নোৱাৰে। মানুহকে জন্ম দিব পাৰে- জন্তুক নহয়। হয়, গৰ্ভ বিকৃতিৰ কাৰণে সন্তানৰ আকৃতি বেলেগ হব পাৰে, কোনো জন্তুৰ মূখৰো হব পাৰে।

প্ৰশ্ন - সম্ভোগৰ পিছত লিঙ্গ সকলোৰে বিষ হয়নে ?

উত্তৰ - এবাৰত ই নিবিষাই। বাৰে-বাৰে একে ৰাতি কৰিলে বিষাব। সম্ভোগৰ পিছত ইয়ো বিশ্ৰাম বিচাৰে। ই প্ৰকৃতিৰ নিয়ম হয়।

প্ৰশ্ন - মোৰ লিঙ্গ বেঁকা হয়, মাজতে পাতল যেনো লাগে, মই এজন সুস্থ পুৰুষ হয়নে ?

উত্তৰ - নিশ্চয় হয়। লিঙ্গ বেঁকা হোৱা কোনো ৰোগ নহয়।

এনেটো কম সময়ত হয়। লিঙ্গৰ স্পঞ্জীত কিবা অভাৱ হলে, ই বেঁকা হয়। উত্তেজিত হলে ঠিক হৈ যায় বা সামান্য বিকাৰ থাকে। চিন্তাৰ কোনো কাৰণ নায়। লিঙ্গত যদি উত্তেজিত অৱস্হাত যদি কঠোৰতা আহে, তেন্তে ই সুস্থ হয়। এনে পৰিস্হিতিত চিন্তাৰ কোনো কাৰণ নাথাকে।

প্ৰশ্ন - লিঙ্গৰ আকাৰ কিমান হয়?

উত্তৰ - প্ৰকৃতিয়ে ইয়াৰ বাবে কোনো নিশ্চিত জোখ নাই দিয়া। কোনোৰ সৰু কোনোৰ ডাঙৰ হয়। যেনেকৈ নাক কোনোৰ সৰু, কোনোৰ ডাঙৰ, কোনোৰ চেপেটা হোৱাৰ দৰে তাৰ আকাৰো অনেক হয়। বংসানুক্ৰমে বিশেষ প্ৰভাৱ হয়। মাক-দেউতাক অনুসৰি হয়। লিঙ্গ যি প্ৰকাৰৰ হলেও, কামোত্তেজনাৰ সময়ত কাম দিলে পুৰ্ণ হয়। মাত্ৰ সম্ভোগৰ আচল জ্ঞান পালেই সিদ্ধ হব।

প্ৰশ্ন - এনে যোনীও আছে নেকি যৰ পৰা সম্ভোগ হব নোৱাৰে বা লিঙ্গ যাব নোৱাৰে?

উত্তৰ - ই যদি যোনী হয় তেন্তে এনে হব নোৱাৰে। যোনী যিমানো সৰু কিয় নহয়, লিঙ্গ যাব পাৰিবে। হয়, এই কথা শিশুত ব্যৱহাৰ নকৰিব। গাভৰু যুৱতীৰ যোনীৰ বিষয়ে কোৱা হৈছে। যোনীৰ গঢ়া এনে প্ৰকাৰে হৈছে যে ই কমত বহল হব পাৰে। অতি ডাঙৰে হওঁক বা সৰুৱে হওঁক, একেটা কথা। সন্তান জন্মৰ সময়ত ই কিমান মেল খাই যায়।

প্ৰশ্ন - সম্ভোগ কিমান দিনৰ অন্তৰত হব লাগে?

উত্তৰ - ইয়াৰ বাবে কোনো নিশ্চিত সময় নিৰ্ধাৰিণ কৰা হোৱা নাই। হয়, প্ৰকৃতিৰ মতে চলে যদি এক মাহ হয়। ইচ্ছা মতে চলে যদি সদায়ো কৰিব পাৰে অন্তৰ একো নাথাকে। যেনে অভ্যাস কৰে, তেনেকৈ ৰূপ লয়।

প্ৰশ্ন - প্ৰকৃতিৰ কি হিচাব হয়?

উত্তৰ - কম কথা আছে যি প্ৰকৃতিয়ে আমাক সংকেত দি বুজাই দিয়ে। যেনেকৈ স্ত্ৰী প্ৰতি মাহতে মাহেকীয়া ধৰ্ম হয়, ডিম্ব আহে

আৰু ই পুৰুষৰ শুক্ৰ বিজাণুৰ অপেক্ষা কৰে। ই কি হয়? ই প্ৰতি মাহে কিয় আহে? ইয়াৰ উত্তৰ হল যে প্ৰকৃতিৰ আৱশ্যকতা প্ৰতি মাহৰ হয়।

প্ৰশ্ন - আমি জানিব পাৰো নেকি যে পেটত থকা শিশু লৰা হয়নে ছোৱালী?

উত্তৰ - সাধাৰণতে ইয়াক ধৰিব নোৱাৰি কাৰণ ইয়াৰ চাৰিওফালে তৰল পদাৰ্থ আৰু জিল্লী থাকে। স্ক্ৰীনিংকত শিশুটো দেখা যায়, কিন্তু তাৰ সমস্ত অঙ্গ নহয়। এনে কেতিয়াবা এই লিঙ্গ স্পষ্ট হব পাৰে। বাহিৰৰ লক্ষ্যণৰ পৰাও স্ত্ৰী সকলে জানিব পাৰে। উদাহৰণস্বৰূপে এগৰাকী স্ত্ৰীয়ে মাটি খাবলৈ মন যায় যদিহে লৰা হবলৈ লয় আৰু ছোৱালী হলে খাবলৈ মন নাযায়। লৰা হব হলে অলপ অধিক কষ্ট অনুভৱ কৰে। এনে লক্ষণ সকলোৰে ভিন্ন-ভিন্ন হয়।

প্ৰশ্ন - সম্ভোগৰ সময়ত কিমান সময় লগাক লাগে?

উত্তৰ- যি সময়লৈ স্ত্ৰী চৰমোৎকৰ্য হয় যায়, তেওঁ সন্তুষ্ট হয় যায়। তেওঁৰোটো সন্তুষ্ট হোৱা আৱশ্যক হয়। পত্নিক সন্তুষ্ট কৰিহে সম্ভোগ সমাপ্ত কৰিব লাগে। এনে তেতিয়াহে হব পাৰে যেতিয়া প্ৰথমতে চুমা খায়, আলিঙ্গন কৰে, তেওঁক উত্তেজিত কৰে, তেতিয়াহে পুৰ্ণ হব সম্ভোগ। ইয়াৰ ব্যৱহাৰো আহিব লাগিব।

প্ৰশ্ন - শীঘ্ৰপতন কাক মানে?

উত্তৰ - ইয়াকে কোৱা হয় যেতিয়া লিঙ্গ যোনীৰ ভিতৰলৈ যোৱাৰ লগে-লগে বা যোৱাৰ আগতে বীৰ্য ওলাই যায়।

প্ৰশ্ন - শীঘ্ৰপতনৰ চিকিৎসা কি হয়?

উত্তৰ - সম্ভোগৰ শুদ্ধ জ্ঞান, টেক্নীক আৰু আত্মবিশ্বাসে সকলোতকৈ ডাঙৰ চিকিৎসা হয়।

প্ৰশ্ন - বিপৰিত আসন- অৰ্থাত স্ত্ৰীক ওপৰত ৰাখি সম্ভোগ কৰা হয়নে?

উত্তৰ - নিশ্চয়।

প্ৰশ্ন - বিপৰিত আসন কেতিয়া কৰা হয় ?

উত্তৰ - কেতিয়াও পাৰে। সাধাৰণতে উপযোগী তেতিয়া হয় যেতিয়া স্ত্ৰী দুৰ্বল আৰু পাতল হয় আৰু পুৰুষ শকত হয়।

- যেতিয়া পুৰুষৰ লিঙ্গ শকত আৰু ডাঙৰ হয়, স্ত্ৰীয়ে অসুবিধা অনুভৱ কৰে।

- যেতিয়া স্ত্ৰী গৰ্ভৱতী হয়। তেওঁ আৰামত যেনেকৈ বিচাৰে কৰিব পাৰে। গৰ্ভত পুৰুষৰ বজনৰ পাৰ্থক্য নপৰে।

- পুৰুষ শীঘ্ৰে স্খলীত হয় আৰু স্ত্ৰী অলপ বেছি সময় লয়। কাৰণ পুৰুষ নিষ্ক্ৰিয়তাৰে পৰি থাকে। সম্ভোগ সঞ্চালন স্ত্ৰীয়ে কৰে।

প্ৰশ্ন - কাম শক্তি বাঢ়িব পাৰেনে ?

উত্তৰ - বাঢ়িব পাৰে।

প্ৰশ্ন - নিচাৰ দ্বাৰা চেক্স বাঢ়ে নেকি ?

উত্তৰ - ইয়াৰ দ্বাৰা বাঢ়িব পাৰে কিন্তু ই স্হায়ী নহয়। ই ক্ষণিক হয়, সম্ভোগলৈ নহয়। চেক্স শক্তি স্হায়ি ৰূপত বঢ়াবলৈ ব্যায়ামৰ দ্বাৰাহে সম্ভৱ হয়, নিচাই নিজৰ অধীনহে কৰিব। মানুহে তেতিয়া নিচা নকৰি সম্ভোগ কৰিবই নোৱাৰিব।

প্ৰশ্ন - মাহেকীয়া ধৰ্ম কি হয় ?

উত্তৰ - ই প্ৰত্যেক মাহতে গৰ্ভাশয়ৰ পৰা আহিব লগা ৰক্ত হয়। গৰ্ভাশয়ত শিশুৰ জন্ম প্ৰক্ৰিয়া প্ৰকৃতিয়ে কৰি থাকে। প্ৰথমে গৰ্ভশয় চাফা হয়- সকলো লেতেৰা তেজ ওলাই যায়- পিছলৈ ডিম্ব আহে। ই শুক্ৰ বিজাণুৰ অপেক্ষা কৰি থাকে। এই শুক্ৰবিজাণু আহি যায় আৰু সন্তান বৈ যায়। মাহৰ ভিতৰত শুক্ৰৰ মিলন ডিম্বৰ সৈতে নিমিলিলে, পিছৰ মাহেকীয়া ধৰ্মৰ আগে-আগে নষ্ট হৈ যাব, বাহিৰ ওলাই যাব, এই ৰক্ত সন্তানৰ পোহ পালৰ বাবে আহে, আৰু যদি সন্তান নহয় তেন্তে ই ব্যৰ্থ হৈ যায়। সেয়ে প্ৰকৃতিয়ে তাক বাহিৰ ওলাই দিয়ে কেনে অদ্ভূত প্ৰবন্ধ ভগৱানৰ হয়।

প্ৰশ্ন - কোনো ডাক্তৰে কয় যে বীৰ্য শৰীৰৰ কাম নোহোৱা বস্তু হয়, ইয়াক ওলাই পেলাব লাগে।

উত্তৰ - শৰীৰৰ কোনো বস্তুই বেকাৰ নহয়। বেকাৰ বস্তু অন্য মল, মুত্ৰ, গামৰ ৰূপত নিয়মিত বাহিৰলৈ আহে। ই শৰীৰৰ ভাগ হয়, বেকাৰ বস্তু নহয়। ইয়াত সৃষ্টিৰ বীজ গঠন হয়। ইয়াতেই তীব্ৰতা থাকে। তেজস্বী পুৰুষক বেদ-শাস্ত্ৰত বীৰ্যবান বোলা হয়। এনে ভাৱে কব পাৰি যে বীৰ্য শৰীৰৰ কোনো গ্ৰন্থিৰ শ্ৰাৱ হয়। ইয়াক বলপূৰ্বক ৰখোৱাৰ চেষ্টা কৰিলে কঠিনতা হয়। কিন্তু এইটোও সত্য হয় যে আয়ু সেইসকলৰ দীঘল হয়, আৰু শৰীৰৰ জ্ঞানেন্দ্ৰীয় তেওঁৰ সঙ্গী হয় যি সচেতন থাকে, যিয়ে হয়টো ব্ৰহ্মচৰ্যক পুৰ্ণ ৰূপত ৰক্ষা কৰে বা নিয়মানুসাৰে সংযমপূৰ্বক সম্ভোগ কৰে আৰু গৃহস্থৰ সাত্তিত্বৰ আনন্দ ভোগ কৰে। সেয়ে স্ত্ৰীক পিয়াহ শেষ কৰা পানীয় বুলি ভাৱিব নালাগে। তেওঁ জীৱন সঙ্গী হয়। দুয়ো প্ৰেম কৰক, ইমান মৰম যে মূখ্য বস্তু ইয়ে হয়, সম্ভোগ আদৰৰ হয়।

প্ৰশ্ন - মুচলমান সকলৰ সুন্নত কিয় কৰা হয়?

উত্তৰ - ই সিহঁতৰ ধাৰ্মিক মান্যতা হয়। ইয়াৰ লাভ এয়ে যে লিঙ্গ মুডৰ চাল পিচলি যোৱাৰ ভয় নাথাকে, যি প্ৰায়ে হয়। সুন্নতত লিঙ্গ মুডৰ আৱৰণ সৰুতে কাটি দিয়া হয় আৰু ইয়াক নোহোৱা কৰি দিয়া হয়। ইয়াৰ উদ্দেশ্য এনে হব পাৰে যে যুৱাৱস্তাত লিঙ্গ মুডৰ চাল ফঁচি নাযায়। কোনো কোনোৰ চাল ওলতি নাযায় যদি কমত কঠিনতা আহে।

প্ৰশ্ন - স্বপ্ন দোষ কি হয়, আৰু ইয়াৰ চিকিৎসা কি?

উত্তৰ - স্বপ্নদোষ কোনো ৰোগ নহয়, ই ডেকা অৱস্থাত হোৱা শৰীৰৰ এক ক্ৰিয়া হয়। যদি বেছি সময় হয় তেন্তে ভয় খোৱা কোনো দৰ্কাৰ নাই। যদি সদায়ে আৰু সোনকালে হয় তেন্তে কিবা ব্যতিক্ৰম আছে যি দূৰ কৰিব পাৰি। এনে বিবাহ হলেই ই নিজে নিজে ভাল হৈ যায়। যেতিয়া গৃহস্থিত অধিক দিনলৈ সম্ভোগ সুখ নাপায় তেতিয়াও হব পাৰে। অধিক আৰু শীঘ্ৰে হয় তেতিয়া অৱশ্যে কোনো উপায় কৰক।

- নিজৰ ধ্যান পঢ়া, স্বাস্থ্য আদিত লগাওক।

- সৎ ব্যৱহাৰত মন দিয়ক।

- বিচাৰ সমূহ পবিত্ৰ ৰাখক।

- যৌন বিষয়, বজাৰু আৰু অশলীল বস্তু নপঢ়িব। অশলীল চিত্ৰ আৰু চিনেমাৰ পৰা দূৰত থাকক।

- সুস্থ বাতাবৰণত থকা আৰু ব্যস্ত থকা। খেলা-ধূলা, অধ্যয়ণ আৰু কোনো হঁবিত ব্যস্ত থাকিব পাৰে।

- ব্যায়াম আৰু আসন উপযোগী হয় ?

প্ৰশ্ন - পুৰুষৰ বীৰ্যত শুক্ৰাণু বৃদ্ধিৰ বাবে কি ঔষধ ব্যৱহাৰ কৰিব পাৰি ?

উত্তৰ - এনে কোনো ঔষধ নাই যাৰ সেৱনৰ পৰা পুৰুষে শুক্ৰাণুৰ সংখ্যা বৃদ্ধি কৰিব পাৰি। কোনো ক্ষেত্ৰত ডাক্তৰে টেষ্টোষ্টেৰন (নৰ হৰমন) তিনি-চাৰি সপ্তাহলৈ দিয়া হয়। এই হৰমোনে প্ৰাৰম্ভত শুক্ৰাণুৰ সংখ্যা কম কৰে, কিন্তু পিছলৈ শীঘ্ৰতাৰে তাৰ বৃদ্ধি কৰে। ইয়াৰ বাবে প্ৰোটিন- মাংস, কণী, মাছ আদিৰ পৰ্যাপ্ত মাত্ৰাৰ সৈতে ভিটামিন 'বি-কম্প্লেক্স' উচিত মাত্ৰাত দিব লাগে।

□□□

COMPUTER BOOKS

DYNAMIC MEMORY COMPUTER COURSE

Biswaroop Roy Chowdhury

In today's cyber world, not knowing about computer is nothing less than illiteracy. Knowing about computer and its uses is no more a luxury but a necessity. This book has been brought out keeping this necessity in mind. In this book the fantastic story of the computer from its inception to its vital state on covered. Every nuance from hardware to software, interest to networking & from MS-Office to Window XP/Vista, a reader will get all he wants to know about computers.Computer will be as clear as your drinking water.

Rs. 250.00

Dynamic Memory Windows Vista & Office 2007

Devender Singh Minhas

The technology of Windows and internet to computer system has created an open run way for new introductions. In this field as well, every new version overrides old version and comes forward with yet more power & features. *Window Vista* is one such latest version & this book updates its readers, with the novality. Devender Minhas has once again done his wonderful job.

Rs. 200.00

Dynamic Memory Windows 98/XP & Internet

Devender Singh Minhas

In the hi-tech world, not knowing about the computer is nothing less than illiteracy. Computer has become an intergral part of our life. Computer touches our every aspect of life making it easier and comfortable. So, knowing about computer and its uses are no more a knowledge but a necessity. This book has been brought forth keeping this necessity in mind. **Rs. 110.00**

Dynamic Memory Internet & E-mail

Davinder Singh Minhas

In today's educated world, not knowing about Internet is nothing less than illiteracy. This book will be a handy tool to become an expert on Internet. Every step from the equipments you need to have an Internet to the method of approaching an Internet Service provider. From E-mail to Internet safety and from Web browser to e-commerce, a reader will get all in this book. **Rs. 110.00**

Dynamic Memory Internet Dictionary

Tarun Chakarborty

This Internet Dictionary contains almost all the necessary Internet Terminology. Surely, it will benefit all those who are NET savvy and willing to know more about the endless world of WorldWide Web (WWW). **Rs. 110.00**

Dynamic Memory Computer Dictionary

Tarun Chakarborty

This dictionary is an essential guide to modern computer terminology and jargon and contains hundreds of straightforward definitions, example sentences and usage tips. The terms are illustrated wherever possible for the convenience of the readers.

Rs. 110.00

Books can be requisitioned by V.P.P. Postage charges will be Rs. 20/- per book.
For orders of three books the postage will be free.

FUSION BOOKS

X-30, Okhla Industrial Area, Phase-II, New Delhi-110020,
Phone : 41611861 Fax : 41611866
E-mail : sales@dpb.in Website : www.dpb.in